当代高校英语翻译实践与探索

刘 雯◎著

吉林出版集团股份有限公司

图书在版编目（CIP）数据

当代高校英语翻译实践与探索 / 刘雯著. -- 长春 : 吉林出版集团股份有限公司, 2024.2

ISBN 978-7-5731-4627-4

Ⅰ. ①当… Ⅱ. ①刘… Ⅲ. ①英语－翻译－教学研究－高等学校 Ⅳ. ①H315.9

中国国家版本馆 CIP 数据核字（2024）第 049786 号

当代高校英语翻译实践与探索

DANGDAI GAOXIAO YINGYU FANYI SHIJIAN YU TANSUO

著　　者　刘　雯

出版策划　崔文辉

责任编辑　侯　帅

封面设计　文　一

出　　版　吉林出版集团股份有限公司

（长春市福祉大路 5788 号，邮政编码：130118）

发　　行　吉林出版集团译文图书经营有限公司

（http：//shop34896900.taobao.com）

电　　话　总编办：0431-81629909　营销部：0431-81629880/81629900

印　　刷　廊坊市广阳区九洲印刷厂

开　　本　710mm×1000mm　1/16

字　　数　220 千字

印　　张　13.5

版　　次　2024 年 2 月第 1 版

印　　次　2024 年 2 月第 1 次印刷

书　　号　ISBN 978-7-5731-4627-4

定　　价　78.00 元

如发现印装质量问题，影响阅读，请与印刷厂联系调换。电话：0316-2803040

前 言

进入21世纪以来，中国已全面融入经济全球化、知识信息化的时代，在以和平与发展为时代特征的“地球村”中扮演着越来越重要的角色，也面临着越来越多的机遇和挑战。随着我国与国外经济、文化等方面交流的增多，对外语人才的数量、质量、层次和种类提出了更高的要求。掌握一门外语以主动融入国际交流是目前乃至未来社会人才必备的重要素质之一，这已成为国人的共识。英语作为一门国际通用语言，已成为国际社会广泛采用的交流工具，越来越多的人将它作为第二语言或外语进行学习和使用。随着科学技术和全球化的进一步发展，英语的重要性无疑会更加凸显。

本书从翻译的理论概述入手，介绍了高校英语翻译教学的定位、高校英语翻译的改革与发展，并详细介绍了高校英语翻译教学中的技巧和方式，接着重点探讨了高校英语翻译的教学模式与差异，最后在翻译能力的培养、基于翻译能力培养的英语教学，以及全球化语境下高校英语翻译教学方面进行探索。

本书在撰写过程中参考及引用了部分文献资料，在此向有关作者表示感谢；同时，也感谢出版社编辑的辛苦付出。由于笔者水平有限，时间仓促，难免有疏漏之处，敬请各位同行、专家提出修改意见及建议。

目 录

第一章　翻译的理论概述

第一节　中西翻译的发展历程

什么是翻译？有人认为翻译是一门科学，因为它有着自己的内在科学规律；也有人视翻译为一门艺术，因为翻译好比作画，先抓住客观人物的形态和神态，然后用画笔把他惟妙惟肖地表现在画面上；还有人将翻译看作一门技能，因为就其具体操作过程而言，它总是离不开方法和技巧。但是，总的来看，翻译是一门综合性学科，它集文学、语言学、社会学、教育学、心理学、人类学、信息理论、生态学等学科特点于一身，在长期的社会实践中已经拥有了自己的一套抽象的理论、原则和具体方法，形成了自己独立的体系，而且在相当一部分语言材料中这些方法正在逐渐模式化。由此可见，视角的不同可以导致人们对翻译性质认识的差异。

一、中国翻译发展历程

中国是一个具有几千年历史的文明古国。据文字记载，早在周代就有了翻译活动。夏商周时期，人们之间的通信十分频繁，许多不同的民族和部落居住在同一块疆域内是十分普遍的。这些不同的部族与居住在中原的民族在语言、饮食、风俗文化等方面有很大不同。《左传·襄公十四年》记载，戎族酋长戎子驹支曰："我诸戎饮食衣服，不与华族同，贽币不通，言语不达。”不同民族之间互相交往，就必须有翻译。在《周礼》《礼记》中均有对周朝翻译官职的记载。

《后汉书·南蛮传》记载了周代的口译：“交趾之南有越裳国。周公居摄六年，制礼作乐，天下和平。越裳以三象重译而献白雉。”象，即翻译官，后专指翻译南方语言的翻译官。《礼·王制》中说：“中国，夷、蛮、戎，五方之民，言语不通，嗜欲不同达其志，通其欲，东方日寄，南方日象，西方日狄鞮，北方日译。”除“译”之外，“寄”“象”“狄鞮”均为翻译官。

西汉人刘向在《说苑·善说》中记载了鄂君子皙请人翻译《越人歌》一事，是我国较早关于笔译的记录。《后汉书·南蛮西南夷列传》中记载有白狼王唐写的《慕代诗》三章，即《远夷乐德歌》《远夷慕德歌》《远夷怀德歌》。《列传》不仅记载了这三首诗的作者、译者姓氏，而且保存了这三首诗的原文汉字记音，这是我国诗歌翻译最早的文字记载。

从汉代起，由于在政治、军事上与北方交涉频繁，“译”逐渐成了总称。“翻”字也从东汉起使用。南北朝时期的佛经译著中已开始使用“翻译”二字。

中国历史上出现过四次翻译的重要时期。第一个时期是东汉至隋唐时期的佛经翻译，第二个时期是明末清初的自然科学翻译，第三个时期是近代的文学翻译，第四个时期是中华人民共和国成立后。这四个时期留下了丰富的译学思想和翻译资料，为现当代翻译学奠定了基础。

二、西方翻译发展历程

一般认为，西方翻译理论可分为五个时期，即古代时期、中世纪时期、文艺复兴时期、近代时期和现(当)代时期。西方翻译理论较之于中国翻译理论更加系统、全面，有较完整的体系和清晰的发展脉络。

（一）古代时期

西方古代第一部重要的译作是《圣经·旧约》的希腊语译本。公元前285年，72名知识渊博的希腊学者遵从埃及国王托勒密二世费拉德尔弗斯的旨意，聚集在亚历山大图书馆，为散居在各地的犹太人将用希伯来语写成的《圣经·旧约》译成希腊语。历时36年方得以完成，称为《七十子希腊文本》。公元4世纪末5世纪初，著名神学家哲罗姆（347—420）奉罗马教皇之命，成功组织了《圣经》的拉丁文翻译，并将其命名为《通俗拉丁文本圣经》，该译本后来成为罗马天主教承认的唯一圣经文本。西方翻译理论发源于公元前1世纪。古罗马帝国政治家和演说家西塞罗发表了著名的《论演说术》。在这篇演说中他说："我认为，在翻译时，逐字翻译是不必要的，我所做的是保留原文的整体风格及其语言的力量。因为，我相信，像数硬币一样地向读者一个个地数词，不是我的责任，我的责任是按照他们的实际重量支付给读者。""按实际重量支付"即"保存原文的全部意义"。这段话首次谈到了直译和意译，明确提出反对逐字翻译。这个时期，翻译家们大都根据自己的翻译实践对翻译进行分析和论述，主要集中在直译还是意译这类问题上。奥古斯丁与哲罗姆是同时代的神学家、哲学家，对翻译理论有许多深刻的见解。他认为，翻译的基本单位是词；翻译有三种风格，朴素、典雅、庄严，其选用取决于读者的需求。他从亚里士多德的"符号"理论出发，认为忠实的翻译就是能用译语的单词符号表达源语单词符号指示的含义，即译语词汇和源语词汇具有相同的"所指"。这套理论对后世有深远的影响。

（二）中世纪时期

中世纪时期即西罗马帝国崩溃至文艺复兴时期。英国阿尔弗雷德国王（849—899）是一位学者型君主，用古英语翻译了大量拉丁语作品，常常采用意译法，甚至近于创作。11、12世纪，西班牙中部地区的托莱多形成了巨大的“翻译院”，主要内容是将阿拉伯语的希腊作品译成拉丁语，接续欧洲断裂的文化传统。中世纪末期出现了大规模的民族语翻译，促成了民族语的成熟。英国的乔叟翻译了波伊提乌的全部作品和薄伽丘的《菲洛斯特拉托》等，德国的维尔翻译了许多古罗马作品，俄国自基辅时期起翻译了不少希腊语和拉丁语作品，其著名的翻译家有莫诺马赫、雅罗斯拉夫等。翻译理论的代表人物有罗马神学家、政治家、哲学家和翻译家曼里乌·波伊提乌。他提出翻译要力求内容准确，而不要追求风格优雅的直译主张，译者应当放弃主观判断权的客观主义观点，这在当时产生了较大影响。

（三）文艺复兴时期

从14世纪至17世纪初，西方翻译进入繁荣时期，产生了许多具有代表性的翻译家和有影响的翻译理论。英国翻译题材广泛，历史、哲学、伦理学、文学、宗教著作，无所不及。查普曼先后翻译了荷马史诗《伊利亚特》和《奥德赛》，成就卓越。他认为翻译既不能过于严格，亦不能过分自由。人文主义者廷代尔，以新教立场翻译《圣经》，面向大众，通俗易懂，又兼具学术性与文学性，取得了巨大成功。然而，他的翻译触犯了当时的教会权威。1535年，教会以信奉宣扬异教的罪名将廷代尔处以火刑。荷兰德是英国16世纪最著名的翻译家，其翻译的题材多样，尤以历史翻译见长，著名作品有里维的《罗马史》、绥通纽斯的《十二恺撒传》等。法国的阿米欧于1551年翻译了《希腊、罗马名人比较列传》，内容忠实，文笔清新自然。他主张译者务必充分理解原文，译文要淳朴自然。语言学家、人文主义者多雷在其《论如何出色地翻译》中提出了翻译的基本准则：译者要完全理解翻译作品的内容；要通晓所译语言；语言形式要通俗；要避免逐字对译；要注重译文的语言效果。德国主要有路德的《圣经》翻译，遵循通俗、明了、大众化的原则，在官府公文的基础上吸收了方言精华，创造了本民族普遍接受的文学语言形式，为德国文化的发展做出了杰出贡献。路德认为，翻译必须采用平民化的语言：必须注重语法和意思的联系；必须遵循一些基本原则。路德之所以能在翻译实践上取得成功，是和他的理念分不开的。德国另一位代表人物伊拉斯谟认为，翻译必须尊重原作；译者必须要有丰富的语文知识，必须保持原文的风格。

总体而言，这一时期对翻译的认识和讨论十分热烈，由此奠定了西方译学的理论基础。

（四）近代时期

从17世纪至第二次世界大战结束的近代时期是西方翻译的黄金时期。1611年，英国出版了《钦定本圣经》，译文质朴典雅，音律和谐，是一部罕见的翻译杰作。不久，谢尔登译出了塞万提斯的《堂吉诃德》。蒲伯在1715—1720年在查普曼的基础上重译了《伊利亚特》和《奥德赛》。我默·伽亚谟的波斯语作品《鲁拜集》于1859年有了第一个英语译本，后几经修订，跻身英国翻译史上最优秀的译作之列。17世纪法国文坛盛行古典主义，因此翻译以古希腊、古罗马的文学作品为主；18世纪，法国向往中国，翻译了不少中国作品，元曲《赵氏孤儿》就是这个时期翻译到法国的；19世纪以西方各国文学的翻译为特色，莎士比亚、歌德、但丁、拜伦、雪莱的许多作品都有了法语译本。这个时期的翻译理论较为全面、系统，具有普遍性。其代表人物有英国的约翰·德莱顿、亚历山大-弗雷泽·泰特勒，法国的夏尔·巴托。德莱顿对翻译进行了较为系统、全面的研究，认为翻译是一门艺术，译者必须掌握原作的特征，服从原作的意思，翻译的作品要考虑读者的因素。同时还将翻译分为三大类：逐字译、意译和拟作。泰特勒在1790年撰写的《论翻译的原则》一书中提出著名的“翻译三原则”：

（1）译作应完全复制出原作的思想。

（2）译作的风格和手法应与原作保持一致。

（3）译作的语言应具备原作的通顺。

进入19世纪，德国逐渐成为翻译理论研究的中心。代表人物有神学家、哲学家施莱尔马赫，文艺理论家和翻译家施雷格尔，语言学家洪堡特。翻译研究的重点集中在语言和思想方面，逐步形成了一定的研究方法和翻译术语，从而把翻译研究从某一具体篇章中抽象分离出来，上升为“阐释法”。这种方法由施莱尔马赫提出，施雷格尔和洪堡特加以发挥。施莱尔马赫在《论翻译的方法》一文中较为全面地论述了翻译的类型、方法、技巧，形成了比较系统的翻译理论，在19世纪产生了重大影响，至今仍具有一定的现实意义和作用。其主要内容包括以下几点。

（1）翻译分为笔译和口译。

（2）翻译分真正的翻译和机械的翻译。

（3）必须正确理解语言思维的辩证关系。

（4）翻译有两条途径，一条是尽可能忠实于作者，另一条是尽可能忠实于读者。洪堡特进一步认为：语言决定思想和文化，语言差距太大则相互之间不可翻译，可译性与不可译性是一种辩证关系。洪堡关于“可译性”与“不可译性”的论述在今天同样具有重要的借鉴意义。

（五）现（当）代时期

众所周知，20世纪上半叶爆发了两次世界大战，翻译和翻译理论研究受到极大的破坏而驻足不前，其间几乎没有有影响的翻译和翻译理论研究。然而，第二次世界大战以后，翻译和翻译理论研究则在西方迅速恢复并很快进入一个繁荣时期。

西方现（当）代翻译理论时期指从第二次世界大战结束至今，这一时期在翻译范围、形式、规模和成果方面都是历史上任何时期无法比拟的。翻译理论研究在深度和广度方面亦取得了突破性进展。这一时期，由于受现代语言学和信息理论的影响，理论研究被纳入语言学范畴，带有较为明显的语言学色彩；同时，由于在理论研究中文艺派异常活跃，又使翻译理论研究带有明显的人文特征。所以，翻译理论的研究大都走科学与人文结合的道路。而且，翻译研究更加重视研究翻译过程中所有的重要因素，包括语言使用者的社会因素等，以及它们之间的相互关系和产生的相互影响，并以此解决了翻译中的各种问题，使翻译这门学科具有较为成熟的学科特征。

现（当）代翻译理论时期涌现出一大批在翻译理论与实践方面成绩卓著的人物，并逐渐形成了流派。主要包括布拉格学派、伦度派、美国结构派、交际理论派，或语言学派、交际学派、美国翻译研究班学派、文学文化学派、结构学派、社会符号学派。这些学派的研究使西方翻译理论逐渐形成体系，趋于成熟。

第二节 翻译的不同视角

老子说:“信言不美，美言不信。”英国著名小说家、诗人吉卜林说:“东是东，西是西，东西永古不相期。”自古以来，不少人对翻译的认识做出了许多精彩的论述，这也从一个侧面反映出翻译的重要作用。古今中外的哲学家、思想家、文学家、艺术家、翻译家对翻译情有独钟，用精辟的语言道出翻译之“事”。例如不少人将翻译与绘画相提并论，有道是“隔行不隔理”。一代丹青大师齐白石老先生就说:“作画妙在似与不似之间，太似为媚俗，不似为欺世。”我国著名翻译家傅雷说:“以效果而论，翻译应当像临画一样，所求不在形似而在神似。”

钱钟书老先生著名的“化境”论说:文学翻译的最高理想可以说是“化”，既不因语文差异而露生硬的痕迹，又能完全保存原有的风味。无独有偶，威切斯勒将翻译家与音乐家相比较，认为翻译家和音乐家是同一性质的，他们都把别人的作品通过自己的艺术创造再现给人们。英国著名翻译理论家西奥多·萨瓦里也曾把文学翻译比作绘画，把科技翻译比作摄影。泰德勒则将翻译比喻为复制一幅画。画论译理，灵犀相通，可见齐白石老先生所论实在是至理名言，之于翻译实则是精妙的法则:翻译作品不可“不似”原作，如“不似”原作，则决然不是翻译;翻译作品不可“太似”原作，如“太似”原作，又如何能称为艺术?只有“妙在似与不似之间”，才能既是翻译，又是艺术。

19世纪以来，不少人开始以传统语言学理论为基础研究翻译问题，认为翻译是运用一种语言把另一种语言准确而完整地重新表达出来的语言活动；或是把一种语言的连贯性话语在保持其内容及意义的情况下，改变为另一种语言的连贯性话语的过程。进入当代，受当代语言学的影响，人们把研究的视点从语言本身扩展到交际语境、语域、语用等范畴，认为翻译是一种交际活动。美国语言学家、翻译家奈达是交际翻译观的代表人物。他认为，翻译是指在译语中用最贴切而又最自然的对等语从语义到文体再现原文的信息。在过去十年，以文化研究为重点的翻译研究形成了一个热门领域。研究认为，翻译是不同国家和民族进行政治、经济和文化交往的产物，并反过来推动它们之间关系的发展，使一国的文化为别国所共享、所借鉴，从而促进各国民族文化的繁荣和创新。这一时期，不少西方学者使用“跨文化”来形容翻译这一活动。其中代表人物为科纳切尔，他明确提出“跨文化以文本为依托，以跨文化信息转换为宗旨，翻译是译者适应翻译生态环境而对文本进行移植的选择活动”；另一个是从认知语言学视角研究翻译问题，即王寅先生的认知语言学翻译观，认为“翻译是一种认知活动，是以现实体验为背景的认知主体所参与的多重互动为认知基础的，译者在透彻理解源语言语篇所表达的各类意义的基础上，尽量将其在目标语言中映射转述出来，在译文中应着力勾画出作者所欲描写的现实世界和认知世界”。两位先生尽管从不同的视角对翻译进行了系统研究，但都认为翻译应该综合考虑翻译过程中的诸多因素，最终实现和谐翻译，促进跨文化交际的顺利进行。

与此同时，不少人认为翻译是艺术创作的一种形式，强调语言的创造功能，讲究译品的艺术效果。如拉斐维尔、兰伯特等人就认为“翻译就是对原文的重新摆布”。当然，也有学者认为，翻译是一门实践性很强的艺术，既是模仿，又是创造。

值得一提的是，实用主义者从翻译的现实成分出发，把翻译看作客户委托做的工作。周兆祥先生就认为翻译工作不是什么超然于社会之外的艺术，而是配合社会发展需求而提供的雇佣兵式的服务。他说："译者的主要责任，不是译好某些文字，而是为了委托者的最大利益，完成当次委托的任务。"[①] 罗宾逊也谈道："不同的人对翻译有不同的看法，不做翻译的人视其为文本处理，译者则视之为一种活动。"

长期以来，人们对翻译的争论和论述还集中在翻译作品"可译"与"不可译"上，使之成为一个古老的悖论，为人们提出一个二律背反的命题。一方面，人们认为翻译为人们的沟通和交流发挥了巨大作用：另一方面，很多学者、作家、思想家、翻译家对翻译的真实性又表示怀疑。例如，意大利文艺复兴时期伟大的神学家但丁（1266—1321）就提出"文学作品不可译"的观点，他始终认为"翻译将破坏全部的优美和谐"。他说："任何富于音乐和谐的作品都不可能译成另一种语言而不破坏其全部优美的和谐感。"西班牙大作家塞万提斯（1547—1616）则形象地将翻译比喻为"反面观赏弗兰德斯的花毯"（又译为佛拉芒毯），图案轮廓固然清晰，色彩却不见了。他在其长篇小说《堂吉诃德》中借主人公堂吉诃德的口这样说道："不过我对翻译也有个看法，除非原作是希腊、拉丁两种最典雅的文字，一般的翻译就好比弗兰德斯花毯翻到背面来看，图样尽管还看得出，却遮着一层底线，正面的光彩却不见了，至于相近的语言，翻译只好比誊录或抄写，显不出译者的文才。"而法国启蒙思想家伏尔泰（1694—1778）说："翻译，增加一部作品的错误并损害它的光彩。"德国语言学家施来格尔更为直接："翻译好比一场拼死拼活的决斗，最后失败的不是译者就是原作者。"[②]

① 周兆祥．翻译与人生 [M]. 北京：中国对外翻译出版公司，1998.

② 伏尔泰．哲学通信 [M]. 高达观等译．上海：上海人民出版社，2005.

英国诗人雪莱也说："译诗是徒劳的，犹如将紫罗兰扔进坩埚里。"[①]彼得·纽马克对翻译的比喻非常实际，他说："许多翻译都是在一种方案与另一种方案之间的妥协。翻译是一种变戏法的动作，是一种碰运气的事，是在走钢丝。无论对译者或者对翻译批评者而言，只要有时间，他们总会对已翻译的东西改变主意或看法。"[②]

德国翻译家洪堡特也就翻译的可译性与不可译性发表了两元语言观。他指出："所有翻译都只不过是试图完成一项无法完成的任务。任何译者都注定会被两块绊脚石中的任何一块绊倒，他不是贴近原作贴得太紧而牺牲本民族的风格和语言，就是贴近本民族特点太紧而牺牲原作。介乎两者之间的中间路线不是难以找到而是根本不可能找到。"[③]但是他又说："在任何语言中，甚至不被我们所了解的原始民族的语言中，任何东西，包括最高的、最低的、最强的、最弱的东西，都能加以表达。"不难看出，翻译是难事，但又十分精彩。有趣的是，人们在论述翻译时都力图将翻译与丰富的色彩和鲜明的个性相提并论，这充分说明翻译内涵的丰富和外延的广阔。著者曾在翻译课中就同一作品的多种翻译为学生作比较时谈道：不同译者的文化背景、个性特质、社会表征等多种因素决定了他对翻译作品的理解和翻译的风格，这些东西体现在译品中使之产生差异并对读者产生影响，有时候概括为仁者见仁，智者见智，然而译品对读者的影响负有社会责任。译品在多大程度上忠实于原作并传递出原作的思想和风格，甚至细微的语言特征，这确实很难把握，并且难有一个统一的标准。人们说译品好或不好，同样和人们的教育程度和个人特质有关，并且很大程度上和人

---

① 雪莱．创造社世界名著选 翻译文学 雪莱选集 [M]. 创造社出版部，1928.

② 彼得·纽马克．翻译问题探讨 [M]. 上海：上海外语教育出版社，2001.

③ 威廉·冯·洪堡特．论人类语言结构的差异及其对人类精神发展的影响 [M]. 钱敏汝译．西安：陕西人民出版社，2006.

们受传统文化教育的影响十分密切。有人一生中翻译了很多作品，却很少有产生影响的：有人一生中只翻译了一部作品，却在相当长的时间内影响甚广；有人因译品名声大噪；有人的译品成为经典而自己却鲜为人知。由此提出一个令人感兴趣的问题：谁来从多种因素出发比较和认定译品的忠实和好坏？以《简·爱》为例，译品有二三十种，可以说除了译者特定的生活时代的一些烙印表现在译文中以外，应该说都各有千秋。然而，就整体而言，谁在最大程度上忠实原作，传递出原作的思想和风格，又有谁愿意去做精准的比较和论断？

其实，翻译之精彩足以让人们以严肃的态度和宽阔的胸怀来认识和理解原作和译作、作者和译者之间的关系以及他们承载的文化和社会责任。美国女翻译家马格利特·米切尔借用自然科学对物质从一种状态变成另一种状态的描述对翻译作了十分新颖的比喻，她说："我喜欢把原作想象成一块方方正正的冰。翻译的过程就是这块冰融化的过程。待到冰变成了液体状态时，每个分子都变换了位置，没有一个分子与其他的分子再保留着原来的关系。它们开始了在第二种语言里形成作品的过程。分子有逃逸掉的，新的分子涌了进来填补空缺，但是这种成型和修补的轨迹完全是隐性的。在第二语言里确立起来的译品是一块新的方方正正的冰块，它虽与原来的冰块不同，然而外表看上去却是一模一样的。"① 德国浪漫主义运动的先驱赫尔德为人们揭示了一个真理：译作与原作不可能完全画等号。

不难看出，对翻译既有侧重宏观的比喻，又有侧重翻译过程的描述的想象比喻。从以上对翻译的比喻我们可以对翻译有一个初步的认识。通过这些比喻，人们可以对翻译的本质有一些认识，从而为学习翻译打下良好的基础。

① 马格利特·米切尔．飘 2[M]．呼和浩特：远方出版社，2005.

第三节 翻译的有关理论

一、翻译的概念

翻译有广义与狭义之分。广义的翻译包括语言与语言、方言与民族共同语、方言与方言、古语与现代语、语言与非语言(符号、数码、体态语等)之间的信息转换。这个概念的外延是相当宽泛的，它包括不同语言间的翻译、语言变体间的翻译和语言与其他交际符号的转换等。广义的翻译主要强调“基本信息”的转换，不强调“完全的忠实”。广义的翻译也称作“符际翻译”。

狭义的翻译一般是指“语际翻译”，即用一种语言符号解释另一种语言，诸如英译汉、汉译英、法译英等不同语言之间进行的翻译。狭义的翻译是一种语言活动，“是把一种语言表达的思维内容忠实地用另一种语言表达出来的语言活动”。这个定义强调“翻译是一种语言活动”，确定了狭义翻译的性质，表明它是人类多种交际方式中语言交际的沟通。

英汉翻译就是把英语所表达的思维内容忠实地用汉语表达出来的语言活动，它包含着一个对原文含义的理解逐步深入、对原文含义的表达逐步完善的过程。

二、翻译的分类

关于翻译的分类，可以从不同角度进行划分。

(1) 按照工作方式，翻译可分为口译(interpretation)、笔译(translation)、机器翻译(machine—translation)和机助翻译(machine—

aided translation)。口译又可分为连续翻译和同声传译(coisecutive translation and simultaneous translation)。机器翻译是现代语言学和现代智能科学相结合的产物，可望在某些领域替代人工翻译。

(2)根据内容题材，翻译可分为文学翻译(1iterary translation)和实用翻译(pragmatic translation)。文学翻译包括诗歌、小说、戏剧、散文以及其他文学作品的翻译，着重情感内容、修辞特征以及文体风格的传达；而实用翻译包括科技资料、公文、商务或其他资料的翻译，强调实际内容的表达。

(3)根据处理方式，翻译可分为全译、摘译、缩译、节译和编译等。

(4)根据所涉及的两种代码的性质，翻译可分为语内翻译(intra—1ingual translation)、语际翻译(inter-lingual translation)和符际翻译(inter—seemiotic translation)等。

(5)根据所涉及的语言，翻译可分为外语译成母语和母语译成外语等，如英译汉、汉译英。除了以上所列几种划分方法之外，在实际运用中还有许多具体的分类法，这里不一一赘述。本书中所讲的翻译，主要是从狭义翻译(语际翻译)角度来谈的，特别是指英汉语言的翻译。

三、翻译的标准

翻译的标准是用来约束翻译者的活动的准绳和评定翻译作品质量的尺度，而且具有极其重要的意义。自从有了翻译活动，对于翻译标准的讨论就开始了。而且至今它仍然是众多译者、翻译研究者和爱好者津津乐道的话题，也正是在这些热烈的讨论中，翻译学科在不断地向前发展。

由于翻译的多功能性，翻译作品的多样性，翻译手法与风格的多样性以及作品受众的多层次性，翻译的标准也具有多元性，很难找到一个绝对标准。但是在具体的翻译工作中还是可以找到一些可操作的标准来对译著进行衡量的。而在我国最有影响力的翻译标准至今仍是清代著名思想家、翻译家严复所提出的“信、达、雅”。所谓“信”即指忠实，译文要准确传达原著的思想内容；所谓“达”即指译文要明白通达，通顺流畅符合译入语习惯；而“雅”则“求其古雅”，严复认为应将文章尽量译得富丽典雅符合中国古文的遣词造句的要求。这显然是有其局限性的。作为书面语言的翻译固然要正规一点，或者说“雅”一点，但是由于作品的风格不同又题材多样，有“雅”的也有不“雅”的，所以把“雅”字定为标准是偏颇的。就整体而论，“信、达、雅”不失为一个好标准，所以仍然为许多翻译工作者所沿用。其原因在于这个字简单明了，而且层次鲜明主次清晰，即先求信，要忠实：再求达，要通顺；信达至上，而后求雅，提升译文水平层次。

而近代各翻译大家也各自提出了自己的观点，如钱钟书的“化境论”，梁实秋的“神似说”，鲁迅的“信与顺说”等。而从国际翻译研究来看也是争论热烈，观点层出不穷。

综合上述各种观点，就是要“忠实准确，流畅切合”。这个标准概括了翻译定义中的两个方面，对于初步掌握了英、汉两种语言的学习者来说，这是一个较为合理适用的标准。

所谓忠实准确，首先是指译文内容要忠实于原文，译文要把原作的语义内容在转述过程中翔实而准确地表达出来，这包括文章中反映出来的思想、立场、观点、态度、感情、环境、背景等。此外，忠实还指要对原作的特色，包括作品的民族特色、时代特色、地域语体特色、语言特色等进行忠实而准确的反映。另外根据翻译的定义，译文还要忠实于原著所起到的语境功能和社会功能，既不能夸大也不应缩小，要尽量准确地反映原著在原语境中的各种功能。

而“流畅切合”强调译文的语言应符合规范，通俗流畅，规范易懂，并且译文风格要与原著相切合。为求通俗易懂，而将孤傲高雅的文章译得淡如白水，为求规范，切忌将诙谐幽默的文章译得呆滞死板，或者为求可接受性强，而将内涵丰富引人联想的文章译得居于一隅，都是不合理的。这也是为什么要在通顺或流畅后加上切合的原因。总之，这一标准就是要求译者在尽量符合原著规范情况下追求与原著切近的风格。

必须要强调的是，“忠实准确”与“流畅切合”是辩证统一的，两者相辅相成。它们既相互对立又相互促进。处于首位的是内容忠实准确，而风格的流畅切合处于从属地位、次要地位。但次要并不意味着不重要，忠实而不流畅，读者不愿接受，也达不到忠实的作用；流畅而不准确，脱离了原著的内容与风格，就谈不到切合，也失去了流畅的意义。忠实而准确的译文往往是流畅而切合原著风貌的，而流畅、切合原著风貌的译文才会是准确而忠实的。我们将英语译为汉语时，往往不容易达到这两个标准，或是顾及了忠实准确而不够流畅切合，或足够流畅切合时，则不够忠实和准确。这有可能是因为原著比较复杂深奥，做之难做，不好表达，或是译者水平不高不能表达。

另外，根据原著类型的不同，对标准的侧重也不太一样。政论性、批评性作品要求注重忠实准确，以保证其科学精确性和政治严肃性，而文学性，艺术性作品强调风格流畅切合，以充分展现原著与原作者风格，起到推广丰富文学文化的作用。

第二章　高校英语翻译教学的定位

第一节　英语翻译教学的现状

翻译作为一种具体实用的教学手段，被适度而合理地运用于外语教学实践中。随着中国与国际交流更加频繁，使得综合素质高、专业精通、外语扎实、具备较强翻译能力的实用复合型翻译人才日益受到用人单位的青睐。

一、翻译课堂教学现状

目前，一部分翻译课教学以课堂为主，以书本为中心，教学模式相对单一。教师对语法知识传授投入了较多的精力，但由于课时所限，难免顾此失彼，在翻译技能培训方面不够重视。学生往往追求正确答案而不求甚解，没有积极思维意识。这往往影响学习效果，无法更上一层楼。此外，调查发现，我国大专院校学生对英语的词汇、语法的学习大都比较关注，常常将大部分时间都花在词汇、语法等语言点上，而这不利于应用能力的培养与提高。

二、翻译教学理论和实践的关系现状

笔者认为，能够帮助学生对翻译的原则形成较为健全的意识，并能使其自觉地将所学的翻译知识运用于自己的翻译实践，是翻译教学最重要的

目标之一。而这种健全的翻译原则意识很明显地只能建立在某种健全的理论基础之上，所以任何一种严谨的翻译教学都要以中肯的理论作为指导。和其他课程相比，翻译课的实践性较强。因此，翻译教学不能只局限在教师讲解或学生练习的单项活动层面上，而应是教师讲解理论知识，学生实践练习的一种较广泛的教学行为。作为一名初学者，他所学习的理论知识一般只涉及翻译操作的一些基本知识和技巧，所以他们的每节课教师讲解的内容都没有其他课程那么多，所以有时候教师会感觉初级翻译课程没什么可讲的，他们会将大部分时间留给学生去进行英语翻译练习。而相对于这门课来说，翻译练习确实需要占用很多时间。所以如何组织学生进行翻译练习，如何调动学生练习的积极性，如何激发他们的兴趣和合作精神，如何让他们主动而不是被动地参与练习，是从事翻译教学的教师需要摸索和探讨的问题。学生接受事物的能力存在一定的差异，因此选择翻译材料的难易等问题都会影响到教师的课堂组织与管理。而在学生进行翻译实践的过程中，他们基本没有或很少将理论运用于实践中。因此，如何选择翻译材料就成为教师必须考虑的一个问题。如果翻译材料较为简单，就不易引起学生足够的重视；如果翻译材料太难，又会让学生失去翻译的兴趣，有时甚至会导致学生放弃翻译。可见，英语翻译教学中诸如此类的因素常常会直接或间接地造成教师的理论讲解和学生的实践练习结合不起来，或者使学生在实践中不能将已学的理论知识和实践结合起来，使得理论与实践相脱节。

三、学生个人翻译素质现状

（一）学生个体素质的差异性对翻译教学的影响现状

大学英语是一门公共必修课，它针对的是非英语专业的大学本科学生，学生的个体存在较大差异，他们的总体英语水平也不尽相同，因而会对英语翻译教学有不同层次的要求。而学生的个人英语水平也直接影响翻译教学效果，这并不是说学生英语水平高，翻译质量就高，而是说假如某学生有较好的词汇功底，并能在听力、阅读、书面表达等其他方面都有较高水平的表现，那么他的翻译教学效果就应该会比较好；假如某学生的英语水平较低，他想要达到预期的翻译教学效果也会比较困难。

（二）学生的英语功底现状

1. 学生英语功底不扎实

学生英语基本功不扎实，不仅会直接影响到翻译课程教学，也给教师的翻译课程教学带来一定的困难。颁布于 2004 年 1 月的《大学英语课程教学基本要求（试行）》（以下简称《要求》）对大学生的英语翻译能力提出了很多要求。《要求》提出，高校大学生应能借助词典对题材熟悉的文章进行英汉互译，英译汉的速度应最慢为每小时 300 个英语单词，汉译英的速度应最慢为每小时 250 个汉字。大学生翻译的译文应基本流畅，并可以在进行英语翻译时使用一定的翻译技巧。根据目前的调查发现，虽然我国对大学生的翻译能力提出了具体要求，但是这一要求对今天已经学完大学英语教材的学生来说还是有一定难度的。在大学英语翻译教学的实践活动中，常常可以看到这样的现象：一方面，学生能够明白某篇英语文章，以及文章中的某些段落和句子的意思，要他们做阅读理解或选择填空这种客观性较强的练习时他们可以很好地完成，但是如果要他们用母语（汉语）将这些英语文章或段落、句子准确地翻译出来，就比较困难了。大多数学生在进行英语翻译时，常常会拘泥于原文句子的结构和词序而对其进行直译。另一方面，如果需要将汉语翻译成英语，这对学生们来说困难就更大了。而学生的英语翻译水平在很大程度上影响了他们对语言的学习及其他能力的培养，也在根本上制约了学生英语翻译水平的提高。

翻译能力是语言综合运用能力之一。然而，从被公认为可以衡量英语学习者水平的一些大型标准化语言测试可以看出，学生的翻译能力有待提高。

首先，部分学生不能正确选择词义或者根据上下文引申词义，从而造成译文理解上的障碍，甚至闹出笑话。

其次，部分学生汉语译文的词序，拘泥于英语原文的词序，在英汉表达习惯不同的情况下，常出现一些牵强、别扭的译文。

最后，英语中被动语态使用较广，学生翻译这种句型时经常译成“××被××”，使译文生硬。

学生在学习翻译的过程中，发现自己的不足后，有的非常重视，对翻译学习持认真的态度，然而他们没有找到适合自己的学习方法，以致事倍功半，并且产生了畏难情绪。另外还有些学生，学习态度不端正，往往是看看答案，或者是大致翻译后便去对答案，这种学生的依赖心理和惰性都比较强，一旦发现自己的翻译能力总是不能提高，就产生了焦虑情绪。从平时学期考试和历届四六级考试的成绩看，学生的实际翻译水平亟待提高。学生的翻译练习实践中也暴露出了很多不足。很多学生在平时学习过程中，钟情于林林总总、五花八门的教辅书，对老师布置的课文或句子翻译练习，直接在教辅书上对一下答案了事，不进行仔细推敲和揣摩。就是在做模拟试题时，也是跳过翻译部分，或草译一下便急于核对答案，结果当然可想而知。这样的学生惰性强，只寄希望于老师讲解，不愿亲自下功夫实践，只是盲目焦虑，依赖心理重。另有一部分同学认识到了自己的翻译能力不足之后，非常重视，对平时的翻译学习和操练也持认真的态度。可是他们没有找到适合自己的学习方法，或找一本翻译理论书硬啃条条框框，或稀里糊涂地做一大堆练习而不善于及时归纳总结知识要点，更不懂得将翻译学习与其他技能的提高互联，其结果是感到翻译学习事倍功半，又产生了抵触情绪。这都不利于翻译知识的学习和翻译能力的提高。

2. 学生对英语文化不甚了解

目前我国学生对英语文化知识的了解较少，这也是造成他们在进行英语翻译时语误频频的重要原因。

调查发现，学生对西方民族文化的习惯、信仰以及价值观等方面的背景知识文化不甚了解；同时，在英语翻译学习中学生也没有进一步地去了解英语单词在不同句子中的不同意思，使得他们只会按照字面上的意思去进行英语翻译。举例来说，英语单词 help 最普遍的意思是“帮助”，但是它在不同的句子里有不同解释，拿“Please help yourself to some pork.”这个句子来说，意思是说“请随便吃点肉”, help 在这里充当的是句式的一部分，因此不能拿来单独翻译；而在“The medicine helps a cold.”这个句子指的是“这种药可治疗感冒”，可见在这个句子里也不能直接将 help 翻译成“帮助”，而要依据上下文的意思进行翻译，在这里译成“治疗”就比“帮助”更加确切。因为学生对西方文化缺乏一定的了解，再加上汉语语言习惯和思维惯性的影响，在具体英语翻译实践中，常常会造成对英语的误解，致使出现翻译语误，例如在“You are a lucky dog.”这个句子中就不能将 lucky dog 翻译成“幸运狗”，而应将其翻译成“幸运儿”。此外，在学习英语翻译过程中，学生也常常会因为对西方语言环境及文化的不了解，而译出一些中国式的英语，从而闹出笑话，类似的例子有将“好好学习，天天向上”翻译成“good good study, day day up”，将“给点颜色瞧瞧”翻译成“give some colour see see”等，产生这些现象的根本原因往往是学生对西方的思维方式、表达习惯等不了解。

第二节 英语翻译教学的思考

一、更新翻译教学模式

翻译教学的核心任务是培养学生的翻译能力和强化学生对翻译的认知。关于翻译能力，刘宓庆先生做过较为明确的论述。他将翻译能力分为五大方面：语言分析和运用能力；文化辨析和表现能力；审美判断和表现能力；双向转换和表达能力；逻辑分析和校正能力。就大学英语翻译教学而言，可以将翻译理论与翻译技巧穿插在翻译实践之中。英汉互译的方法有许多种，教师应该把基本的方法介绍给学生，以提高学生的翻译能力。常用的翻译方法有直译法、意译法、直译意译结合法、增译法、删略法、词类转换法、长句拆译法、替代法等。这势必对教师提出了更高要求。教师首先要努力丰富自身的翻译理论和技巧知识，这样才能有效提高翻译教学的水平和效果。翻译理论的指导性在于减少实践的盲目性、因循性，从而提高科学性、功效性。中国的许多翻译理论都是从翻译实践中得来的宝贵经验，对于指导实践十分有效。同时，许多国外的翻译教学理念也为国内的翻译教学提供了借鉴。

在翻译训练的体裁上，除了传统的文学翻译外，还应加大应用文翻译的比重，包括科技论文、新闻报道、商贸信函、产品说明书等。在教学过程中，以学生的需求为中心，使教学内容多变，教学方法灵活、多样化，最终使学生在整个学习过程中主动并且积极地掌握翻译的基本理论和技巧，提高自己的翻译能力。21 世纪是一个国际化的高科技经济时代，讲授各种实用文体的翻译技巧，对振兴我国的国民经济及对培养和造就大批科技人才都具有十分重要的现实意义。

在实践中，教师应摒弃传统的“老师讲解多，学生实践少”的模式，取而代之的应是“精讲多练”的教学模式。翻译能力的提高离不开大量的实践练习，课堂上教师应充分调动学生的积极性，努力培养学生的独立思考能力。同时，要引导学生自主学习，让学生利用课余时间进行翻译实践。

二、重视培养学生的语言能力

语言能力指的是语言理解能力和表达能力。翻译的过程既是理解原文的过程，又是创造性地用另一种语言再现原文的过程，而理解原文是表达的前提。以笔者所教的大学生为例，他们不仅在理解英语原文方面欠缺，而且即使理解了其中的意思，要他们用母语汉语表达出来也是洋化的汉语表达方式，晦涩难懂。同样，让他们把汉语译成地道的英文也不是一件容易的事，译文为中式英语。鉴于此，着重培养学生的语言能力是大学英语翻译教学的主要目标。通过翻译教学提高学生语言能力的具体途径有：

（1）通过互联网自主学习，提高自身的语言感受能力。让他们通过互联网或其他途径来构建自己的语料库，学习名作、范文的遣词造句、布局谋篇，并定期、不定期地与学生交流，分享阅读后的感受和收获。

（2）课堂上开展适量的翻译欣赏课，或让学生翻译一些名家名作，然后把他们的译文与名家的译作比较，并总结心得体会。

（3）以小组为单位进行合作型翻译活动。教师可以将学生分成小组进行翻译。在一个宽松的学习氛围中，学生可以充分发表自己的意见而不受约束，同学间对译文互评互改，相互取长补短。通过译文比较和讲评领悟翻译的基本原则和技巧，这不仅能启迪学生的思维，加深他们对翻译的理解和思考，同时也培养了其译文欣赏与翻译批评的能力。

第三节　英语翻译教学的重要性

一、翻译有助于写作能力的提高

翻译有助于写作能力的提高，特别是“中译英”对学生的写作能力大有帮助。如,“我们通常在家和地铁之间来往，这是他上班的必由之路。不管什么样的天气，无论自己的身体状况如何，他都坚持上班，从不旷工。在别人不能坚持的情况下，他也会到办公室去工作，因为这对他来说是一种自豪”。翻译成：“We usually stay at home and the subway between, this is the route one must take him to work。No matter what the weather is like, regardless of their own physical condition, he insisted to go to work, never absenteeism。In the case of others can not insist on, he will come to the office to work, because it is a kind of pride.”

笔者在讲完第四单元后，给学生布置了一篇与环境有关的作文，学生普遍的做法，就是先将作文用中文把内容的提纲列出，如：环境对于人类的重要性有哪些；当今，我们身边环境恶化的现象有哪些；对每一项现象进行原因分析；结论，地球只有一个，地球是我们的家，呼吁全社会爱护环境，要从身边做起，从一点一滴的小事做起。然后鼓励学生将每一部分翻译成英语，对框架进行内容上的补充，使得文章更加充实。学生在英语方面的不足主要来自母语的影响，学习英语不是不要去想母语，而是想办法将母语与英语相结合，更好地服务于英语。

二、翻译可以提高大学生的阅读能力

大学生英语中的翻译，可以将这一过程分解为准确的理解、恰当的表达、校对三部分。其中的理解是表达的基础，笔者认为大学英语教学过程中，针对校对这一环节，是在对原文翻译的准确基础上，通过口语的表达衡量学生对课文的理解程度。

如，“Wherever they occurred, inefficiency and waste were attacked and nonessential projects were brought swiftly to an end.”“它们的出现，我们要反对效率低下与浪费的现象，还要控制工程项目。”这样翻译的占15.3%。出错的原因在于学生对于“他们”涵盖的主要内容是什么并没有理解，也就是并没有对全文加以理解，只是把字面上的内容翻译出来了而已，句子中的“效率不高和浪费现象”根本就是适合英语的表达习惯的。英语中，一般是名词做主语，主、从复合句中的主语相同的情况下，从句的主语是要用代词代替的。根据这一习惯，就可以看出来句中所指为一件事物。我们根据语境在译成汉语的基础上，需要根据英语的用词习惯和语境做调整。那么上面的句子就应翻译为“无论效率不高和浪费这两种现象发生在何处，我们都坚决地反对。还有，需要结束那些其实属于不必要的项目”。

可见，良好的阅读理解能力是英语翻译的基础，英语翻译又能促进学生良好的阅读习惯的养成，对关键词句的推敲，可以帮助学生阅读水平和效率的提高。

第三章 高校英语翻译的改革与发展

第一节 英语翻译教学的本体

一、英语翻译教学的目的和要求

2011年颁布的《高等学校翻译专业本科教学要求》(以下简称《教学要求》)提出以下人才培养目标:“高等学校本科翻译专业旨在培养德才兼备、具有宽阔国际视野的通用型翻译专业人才。毕业生应熟练掌握相关工作语言，具备较强的逻辑思维能力、较宽广的知识面、较高的跨文化交际素质和良好的职业道德，了解中外社会文化，熟悉翻译基础理论，较好地掌握口笔译专业技能，熟悉运用翻译工具，了解翻译及相关行业的运作流程，并具备较强的独立思考能力、工作能力和沟通协调能力、毕业生能够胜任外事、经贸、教育、文化、科技、军事等领域中一般难度的笔译、口译或其他跨文化交流工作。”《教学要求》是对英语翻译专业以及英语专业即将培养出的翻译人才提出明确的人才培养目标，是对翻译人才素质清晰地描述，同时解读翻译人才培养过程的文化需求。任何两种语言之间的翻译，并非一种单纯的符号之间的认知与转换，绝不是某种语言中的某个语言符号(单位)简单地对应另一语言中的某个符号，况且许多时候根本无法实现一一对应。“跨文化交际”一直是翻译教学实践中必涉及的话题,《教学要求》中也明确规定，翻译教学中应注重培养学生跨文化交际素质，视为“圭臬”并不夸张。从事“跨文化”研究者趋之若鹜，但即使从跨文化的视角审视翻译教学，依然离不开汉语言文化，否则“跨文化”的概念是不能成立的。“跨文化交际”目标的设定过程中不可忽视的一个重要环节，即“交流”必须是双向的，一定要体现出双向的“流动”，既有西方英语文化的输入，也有民族文化的输出，否则便称不上“交”与“流”。因此《教学要求》中也从未忽视过翻译教学中要求学生了解“中外”文化。

二、翻译教学与汉语文化素养

J.C.Catford 认为，翻译“是一种语言替代另一种语言的过程”。语言承载着信息、知识、文化、思想，而这几个要素常常呈现某种递进关系：最基本、最基础的是准确无误地传达外语承载的信息、知识，更进一步则是观照文化和思想。虽然翻译教学是关于如何进行双语转换的一种教学，但绝非是仅仅教授如何通过语言符号之间的转换来表达信息和知识内涵，翻译教学的更上位要求是通过语言符号之间的转换传递，准确表达其所蕴含的思想和文化内涵。Nida 和 Taber 指出：“翻译就是把源语中的信息用译入语最切近、最自然地对等语再现传递出来”，翻译不仅是单纯的字词匹配，二者需要文化信息的传递。但是在翻译过程中，由于汉语文化缺失造成的错译、误译屡见不鲜。鲁迅在《为翻译辩护》中曾经论述，“或曰‘硬译’，或曰‘乱译’，或曰‘听说现在有许多翻译家……翻开第一行就译，对于原作的理解更无从谈起’，所以令人看得不知所云”。鲁迅先生意在讨论理解在翻译过程中的重要作用，中国文字背后的文化内涵博大精深，文化修养的提高是理解的重要支撑。英语翻译涵盖英译和汉译两个过程。首先，从英译来看，“直译”现象过于严重，译文无法表达原文真正含义。例如，中国传说的“玉兔”曾被译为“jaderabbit”。译者只译出“玉兔”的基本字面概念，而没能把文化含义表达于翻译文字形式之上。在其文化渊源背景之下，“玉兔”被翻译成“moonrabbit”似乎更合时宜，也能表达其真正含义。其次，从汉译的角度来看，译者汉译的语言表达过于直白、简单、单一。对于中国译者来说，如果真正达到交流的目的，并准确传达意义，仅仅精通英语是不完整的，必须有相应的汉语水准。现实翻译过程中，常常不是英语“卡壳”，而是因汉语水平不到位，难以将英语翻译成准确、优美的汉语，至少造成了交流的不顺畅，或者说造成了“来而无往”“有来无往”的后果。英语翻译的教与学不仅要通过英语让国人了解世界，更应该通过英语让世界了解中国，两者同等重要；要将博大精深的中国优秀文化展示给外国人。为了真正达到交流、交往目的，英语翻译的教与学，必须关注教与学双方的语言结构，保持某种平衡，不可顾此失彼。一个不需要过多论证的理念是，无论英语水平多么高深，“如果不服务于本民族语言，不能转换成为真正的汉语信息，不能实现与汉语的平衡”，英语教与学的真实价值意义势必会大受贬损。因此，高等院校英语翻译教学实践及其课程设置，应围绕母语和英语之间达成平衡结构，应着力解决当下翻译教与学双方语言结构“失衡”问题。

三、翻译教学改革

（一）课程结构的改革

在翻译教学实践中，必须专门设置中国文化相关课程，凸显民族文化的重要性。目前，大多数院校明确要求教师英语课堂使用英语授课，目的是强化学生的“英语意识”，增加对英语语言的感受。如何在保证英语水平提高的同时，通过提升汉语水平强化英语训练的确是一个值得认真研讨的命题。鉴于此，高等院校在设置英语专业课程时，应刻意增加相关汉语言内容——绝非简单地等同于“大学语文”。比如，适当增加翻译课程的内容、数量，增加中国文化、汉语言文学方面的课程与教材等，至少应着力改变英语翻译教学实践中汉语“零设置”的局面。英语翻译学习过程中，应当让学生们懂得：“母语是外语学习的起点和参照，英语的学习都是建立在一定的汉语的基础之上，我们对于英语的词句及相关的文化的理解不可完全脱离以母语文化为基础的思维模式。”结合英语专业教学、英语翻译专业教学，有针对性增加汉语言知识教学内容，改变现有大学生语言知识结构不是目的，而是手段，这种关系不应倒置。需要进一步说明的是，课程结构改革必须突出服务于英语翻译教学，除了大学语文之外，所增设相关课程一方面应关注英语教学的需要，另一方面，还不应忘记英语教学本身所特有的规律。否则，不仅难以达到课程结构改革的目的，还可能适得其反。笔者完全赞同有学者提出的在英语教学课程中增设中国哲学、中国文化课程的主张。

（二）知识结构改革

这里讨论的知识结构包括两个大的方面：专业知识结构和文化知识（人文知识）结构。知识结构问题——知识结构过于单一、专业化——差不多是今天中国高等院校各个专业所面临的共性问题，对于英语的教与学尤其突出。不止一位学者倡导，在英语教学中引入中国文化，其终极目的之一便是改变知识结构。当然，知识结构及其改变并不应仅仅依靠汉语或汉文化知识，但比较而言，对英语学习帮助最大者——汉语言文化凸显无法替代的作用。也就是说，英语学习过程中，和语言专业知识联系比较紧密的、当下应当尽快予以解决的问题是增加汉语知识，或通过其他渠道强化汉语言知识技能。通过文化学习外语早已成为学术界的共识。但到底怎样的文化知识结构能够促进外语研习，似乎没有一个令人信服的结论，也未听说达成什么共识。

（三）阅读结构改革

阅读是任何一门语言学习不可替代的路径，是提升语言水平的必由之路。但今天大学生的阅读数量、质量令人忧虑。相当数量的学生对“四大名著”是通过电视连续剧有所了解的，至于更深奥的“四书五经”，很多学生基本上一无所知。汉语言知识的匮乏，导致了学生知识结构的简单。鉴于此，在倡导课程结构改革、知识结构改革时，还应倡导阅读结构的改革。这里所说的阅读结构改革主要指，既要求学生大量阅读专业书籍、文本，也要求学生应主动阅读英语、汉语文本，不仅增加学生的知识储备，也是提升文化素养特别是提升汉语言文化素养的捷径。因此，无论怎样设计课程结构、教材结构，以及课堂教学传达知识、信息容量的有限性等因素制约，大量的阅读提高文化素养，优化知识结构是非常重要的路径。从某种意义上讲，阅读结构改革属于学习方法论方面的问题，但联系到英语翻译教学，联系到文章中心论题，我们仍要回归到汉语言文化素养这一基础问题上进行研讨。除了课程、教材结构等方面刻意增加汉语言文化知识外，还应有计划、有步骤地指导学生阅读古今中外名著（绝非一般意义上的“名著导读”），亦应成为英语翻译教学的重要内容。阅读这些名著不仅能够增进学生对西方文化、历史、社会的了解，也有助于英语学习——从名家、大师的文笔中领略中西两种文化、语言、文笔的风采，它从中体会“跨文化交际”的真实价值意义。一个人的文化素养是由多重要素构成的，但本民族语言文化素养应是核心中的核心，并决定着其他素养要素的结构与发展。这也是学术界反复强调在英语翻译教学实践中引入、强化汉语言文化知识的根本原因所在。由强化汉语言文化知识讨论、倡导与英语翻译教学相关的各种结构改革，终极目的之一是促进英语翻译教学水平的提升，并使学生在强化对汉语言文化认知的前提下，从文化内涵层面深化英语翻译的教与学。

第二节　英语翻译教学的跨文化视角

跨文化指的是不同民族文化之间的交流与对话。随着经济全球化及社会活动的全面发展，世界各国之间的跨文化交流也越来越频繁，很多有着不同文化背景的人们之间相互交流的趋势也在不断加强，而在这个过程中，语言就成了他们进行交流和沟通所必需的工具。由于语言和文化的关系通常是密不可分的，而语言又是文化的重要组成部分和突出的表现形式，因此可以说语言就是文化的载体。反过来，各民族的不同文化又深深地植根于不同的语言之中。

人类的文化交流有着悠久的历史，它从语言的产生到现在，一直通过语言来进行。而不同的文化之间进行交流（跨文化交流）就必须通过翻译来实现。著名作家于冠西先生说过："人类文化从整体来说，是各国、各民族文化汇聚、交流的产物。"[①]可见，如果没有翻译，跨文化交流也就不可能实现。作为跨文化的桥梁，翻译在信息传递的过程中起着非常重要的衔接作用，这也就使得翻译人员的重要性得到充分展现。

跨文化意识（Cross—Cultural Awareness）作为跨文化交际研究的重要内容之一，是指外语学习者对于所学习的外语文化具有较好的知识掌握和

① 于冠西，郭建中．对《文化交流》的祝贺 [J]. 中国翻译，1988（4）：59-62.

较强的适应能力与交际能力，能像目的语本族人一样来思考问题并作出反应，以及进行各种交往活动。或者说，跨文化意识指的是外语学习者在跨文化交际中所特有的思维方式、判断能力以及对交际过程中不同文化因素的敏感性。在交际过程中，参与者具备这种意识就会受到启发和指导，而不受文化差异的负面影响。在无具体交际事务时，它仍然能够对学习者的学习和思考起着引导作用。

虽然翻译人员非常重要，但是如果译者对语言所承载的文化不甚了解，也就不能准确无误地表达出原句所要表达的意思。因此，多数的译者会在跨文化交际中促使自己自觉或不自觉地形成一种认知的标准和调节方法，也就是形成一种跨文化意识。也就是说，跨文化意识是译者所特有的判断能力、思维方式以及在交际过程中对文化因素的敏感性。

还有学者认为跨文化意识是人们在进行文化交际中，参与者对文化因素的敏感性认知，他们通常认为跨文化意识分为以下四个层次。

（1）对那些被认作怪异的表面文化现象的认知。

（2）对那些与母语文化相反而又被认为是不可思议又缺乏理念的显著的文化特征的认知。

（3）通过理性分析从而取得对文化特征的认知。

（4）从异文化持有者角度感知异文化。这个层次是跨文化意识的最高境界，参与者必须具备“移情”（empathy）和“文化融入”（transposition）这两种能力。移情就是说译者不但要克服语言上的障碍，还要克服文化上的障碍，要能够设身处地地体味别人的际遇。文化融入指的是译者要在充分认识文化差异的基础上，全面了解与原文有关的历史、社会、文化、地理及其他相关知识，进而可以让原文所承载的社会、文化信息等在翻译中得到恰当的体现，也就是要从对方的文化背景上观察和思考问题。从这一点来说，译者是否具有跨文化意识或者这种意识的强弱将直接影响到译文的质量。

考虑到不同文化背景的人所习惯的表达方式各有差异，译者除了要具备扎实的基本功之外，还要努力提高自己对文化差异的敏感性，结合自身的判断理解，正确、恰当、忠实地表达出原文所要传达的意图。这种能力和意识的培养对于译者是十分重要的。

跨文化意识的有无或程度的强弱直接影响着交际的质量。众所周知，英语目前已基本上成为一种跨国界的通用标准语言，然而，不同民族文化的交际者在使用英语进行交际时，在语用习惯上仍存在很大差别。因此，参与交际的英语学习者在具体场合应做到“量体裁衣”。例如，对于坦率、自信的美国人，与其交流的英语学习者的言语中应尽量避免用 might 等词语；对于办事讲计划、节奏不快的北欧人，与他们交谈时应放慢语速，用清晰详细的字句效果最佳；对日本人，面对不同级别的人时应注意使用不同的称谓；对重修养、讲礼仪的英国人应主动采用礼貌用语等。这些均为在跨文化交际中交际者应有的跨文化意识。可见，对文化差异具有敏感性对跨文化交际有着重要意义。

第三节　英语翻译教学的互动

全球化背景下，国际间的交流与互动愈加频繁，对于翻译人才的需求也随之增长。翻译作为一种重要的语言交流方式，不仅是纯粹的语言符号表层的意义转换，更是两种不同文化的相互沟通和移植，翻译涉及两种语言，更涉及两种文化。语言是文化的载体，不同国家之间文化和贸易的交流离不开翻译，语言翻译和文化交流是密不可分的，优秀的翻译人才必须具备基本的跨文化翻译意识和能力。从当前的大学英语翻译教学来看，从文化视角切入开展翻译教学，重视翻译教学中的文化导入是大学英语翻译教学的必然选择，也是培养实用型翻译人才的基本保障。

一、加强对英语翻译跨文化教学的重视

任何语言的翻译教学都无法脱离其文化背景，有效的翻译活动需要在语言文化环境下进行。所以，英语教师需要提高对英语翻译跨文化教学的重视程度，针对性地培养学生的跨文化意识和翻译能力。一方面，教师要改变现有的教学观念，在各个翻译教学环节穿插英语文化教学，培养学生的跨文化意识。例如，在词汇的翻译教学中，要给学生讲解其在中外不同文化背景下的不同含义、不同用法，让学生对英语词汇背后的文化知识有更加深入和全面的理解，并在翻译实践中实现对中英词汇的科学和规范应用。另一方面，英语教师可以将英语文化学习列入学生翻译学习的考核体系，确立相应的考核内容和具体目标，将英语文化作为学生英语翻译学习的一部分进行测试，将成绩计入学生翻译成绩的综合测评中，以便激发学生对英语跨文化学习的重视程度，减少文化负迁移对英语翻译学习的不良影响。此外，英语教师还可以有意识地加强学生专业知识与英语翻译文化教学的有机结合，让学生更加真实地感受到跨文化学习的重要性，正确把握专业知识文化差异产生的历史渊源和文化背景，从而提高岗位适应能力。

二、促进学生英语跨文化知识的积累

大学英语翻译教学的知识面非常广，知识点比较零散，其中涉及的文化元素也纷繁复杂，这就需要学生在平时的英语翻译学习中重视对英语跨

文化知识的不断积累，实现跨文化翻译素养的不断提升。鉴于此，高校可以专门开设英语文化选修课，培养学生文化课翻译能力。因为课堂上教师穿插讲解的英语文化知识不能满足学生学习翻译实践中的具体需求，而要增加跨文化教学课程的灵活性和多样性，选修课是一种很好的方式。教师可以开设“中西文化比较”“西方文化介绍”等课程，还可以通过电影、视频、戏剧等形式让学生了解西方文化，增加学生的文化积累。同时，英语教师在翻译教学之余，应当多鼓励和指导学生阅读课外英文素材，拓宽翻译学习渠道和学生跨文化知识点的学习视野。如可以向学生推荐相关的英语文化、历史、地理、社会风俗等方面的书籍，让学生对英语文化的理解更加全面和具体，减少文化负迁移的影响。

三、科学运用中西文化对比开展翻译教学

翻译的目的是交际与文化交流，所以无论在大学英语的基础课教学中，还是在具体的翻译教学中，都应当引导学生加强对中西方文化的对比性学习。基于跨文化视角下的英语翻译教学是在两种文化并存的情况下进行对比性的翻译教学，这就需要师生充分尊重中西方文化，认真看待其中存在的差异，并科学运用到翻译实践中。如将涉及某一方面的中英文化进行对比时，教师要引导学生观察和思考，对比汉语和英语中词汇的含义差别、表达方式差别、文化习俗差别等，在此基础上了解相关英语知识的翻译运用，并在翻译实践中熟练和准确运用，从而不断提高学生的跨文化翻译能力。

四、为学生创造良好的跨文化翻译学习环境

学生在英语翻译课堂上学习了相关知识和技巧后，最重要的是能够在

不同的文化背景下保证翻译过程的规范性和有效性，将学到的知识与技能应用于跨文化翻译的具体实践。因此，学校和教师要尽可能多地为学生创造跨文化交流与学习的平台，为他们提供与社会翻译人才的需求更加接近的跨文化学习环境。如可以定期举办“英语角”等翻译学习活动，鼓励留学生、外教等以英语为母语的人参与其中，让学生在良好的英语氛围中学习标准的英语表达方式，了解中西方的文化差异，不断提升自身的跨文化翻译水平。同时，学校应当组织丰富多彩的课外活动，如电影赏析、戏剧表演、台词翻译、英语演讲比赛等，为学生创造良好的跨文化翻译学习环境，促进其英语翻译素质与跨文化交际能力的良好发展。

五、提升英语教师的跨文化素质与能力

教师是大学英语翻译教学的组织者、引导者和实施者，其教学水平、角色与地位至关重要。英语教师的跨文化素质与能力也将会对翻译教学成绩产生直接的影响。因此，基于跨文化视角的大学英语翻译教学不仅要培养学生的跨文化意识和能力，还要注重对英语教师跨文化素质与能力的提升。一方面，教师要通过各种途径学习英语文化知识，如通过自学或听讲座、参加培训等不断汲取英语文化知识，充实和完善跨文化知识结构，提升跨文化修养，便于在教学中为学生提供更加丰富的翻译教学和文化学习资源；另一方面，教师应转变思维方式，在翻译教学中多使用英语，避免汉语文化思维模式对学生翻译学习的影响，让学生在英语文化语境下进行翻译学习，养成英语文化思维习惯。

第四章　高校英语翻译教学中的技巧和方式

第一节　词汇层面的翻译技巧

翻译技巧无外乎从感性认识着手，向理性认识发展，再到准确、完整地表达原文的思想，以求达到一种质的飞跃。犹如绘画艺术，从粗线条的勾画开始，侧重于形状结构，到按比例的局部透视，着重于塑造形象，再到从整体考虑去完美地展现人物性格特征。实际上每一次翻译、创作过程都在不知不觉地运用翻译、创作的一些基本技巧。这些基本技巧决定了翻译或创作的质量，犹如创作过程，要正确处理明暗、虚实关系，翻译过程要十分清楚突出什么，抑制什么，方能相当细腻、多层次地反映原作的精神风貌、理论精髓。

一、英汉词汇比较

英汉两种语言渊源不同，又是在不同的历史和社会条件下发展起来的，所以两者之间存在着很大差异，体现在词汇及其意义方面的差异也是非常明显的，如在词汇的构成及其形态变化、词汇的功能、词汇顺序、词义、词义的对应性等方面都存在着差异，研究这些差异对两种语言的转换具有非常重要的意义。

（一）英汉文字的形成

世界上的文字体系大致可以分为两类，一类是表音文字，一类是表意文字。汉字属于后者。表音文字是用数目不多的符号，通称为字母，表示一种语言里有限的音位或音节。一般来说，在表音文字体系中，一定的字母表示一定的音。这就是说，由字母所形成的文字与它的发音存在着较为直接的对应关系。但是，汉字不是直接表示音位或音节的字母，它的构造单位是笔画和偏旁。笔画是构成汉字的最小单位，汉字的偏旁、单体字和合体字都是由笔画构成的。偏旁主要用于构成合体字，偏旁又可以分为形旁和声旁，前者具有表意的功用，后者具有表声的功用。

汉字是以象形、象意为基础的形声结合的表意体系的文字。从字形上看，汉字是由点、横、竖、撇、捺五种基本笔形及其变体，通过上下、左右或内外组合方式构成的。根据古代典籍记载，汉语主要以四种方式造字，即“象形”“指事”“会意”“形声”。

“象形字”是有关自然现象或物的原始图形文字，实际是一种形象符号，如“日”“月”“水”“雨”“田”等。“指事字”是以代表某种意思的抽象符号或者在形象符号中加上一个指示性符号构成的。例如，在弧线上加一短横表示“上”，用三根并列的横线表示“三”。“指事字”也是独体字，它和“象形字”都是汉字偏旁的主要来源。“会意字”是由两个指事符号构成的汉字。如把“手”放在“目”上表示“看”；“土”上有两个“人”表示“坐”；还可以用两个或几个字组成一个字，把这几个字的意义合成新字的意义，如“林、森、炎、焱”等。“形声字”是由一个表意的偏旁和一个表音的偏旁组成的汉字，如“挑”“跳”“眺”“拧”“柠”“咛”等。“象形”“指事”“会意”“形声”四种造字法之间存在着紧密联系，不管是用哪种方法造出来的字，表意功能都是第一位的，表音功能居其次，所以，对于汉语本族人来说，往往可以由字直接获得该字的意义。

从语法角度上看，一个汉字代表一个语素。语素是词的构成单位。一个词只包含一个语素的叫单语素词，如“东”“西”等；包含两个或多个语素的叫复合词，如“东西”“电视机”等。现代汉语的基础是古代汉语。在古代汉语中，单音节词占绝对优势。到了现代，汉语虽然双音节和多音节词占有一定地位，但是，一旦有机会人们还是习惯于使用单音节词。现代汉语中大量离合词的存在足以作为明证。如“提醒”常被说成“提个醒”。就连一些多字单语素外来词也被拆开使用，如“幽默”是“humour”的音译，其内部结构不可分析，然而，在现实的语言生活中，常有“幽了他一默”的说法。

在当今世界各民族使用的文字中，汉字的历史最悠久，从商代的甲骨文至今已有约三千五百年的历史。在漫长的发展演变过程中，汉字的数量不断增加，形成了庞大的体系。

英语属于印欧语系的西日耳曼语支，其 26 个字母是构词的基本单位，利用词缀还可以派生出许多新词，这是英语中一种非常重要的构词手段，加前缀可以改变词义，加后缀可以改变词性。利用合成法、转换法也可以构成许多新词。英文字母在相互组合成词之前都是纯粹的表音符号，但在组合成词之后其词形和词义就联系在一起了。

总之，英汉两种文字都是根据约定俗成的原则来确定字形词形与其所表示的意义之间的关系的。

（二）英汉词形的差异

在英语中，名词、动词、形容词、副词等都会随着不同的人称、时态、语态、程度等发生词形上的变化。词形上的变化可以表明英语句子中各成分间的关系；而在汉语中就没有这些变化。在汉语中，词义、词序和隐含的逻辑关系常用来表达语言的意思。如“These students are working very hard in their English studies”，这句话用汉语说就是“这些学生在英语学习方面非常努力”。可以看到，英语中的“student”有单复数变化，在词尾加“S”表示复数，而汉语中的“学生”这个词本身并没有单复数变化，其复数概念是通过加限定成分“这些”“那些”或在“学生”后加“们”字来表示的。还有“She speaks English very well”这句话用汉语说，就是“她英语相当好”。英语中的“speak”是动词，它要随着主语的人称和数来变化，这里加了“s”，表示此句的时态是“一般现在时”。汉语动词并不受主语人称和数的控制，不管主语是谁，一律用原词，词形不发生任何变化。又如“He once told me that Professor Li would taught here for thirty years by this winter”，用汉语说就是“他曾对我说，到今年冬天李教授在这里教书就要满三十年了”。从这个例句中可以看到，英语动词有时态变化，表示过去的用“过去时”，表示将来的用“将来时”，表示将来某时完成的用“将来完成时”等。汉语动词则根本没有变化，其时间概念是通过使用时间副词来表示的。

英语的动词还有语态的变化，如果讲述的是事实，就用真实语气，如果是虚拟的事实，就用虚拟语气表示。汉语没有虚拟语气，表达虚拟语气也要通过借助相关的词语。如“If I had not been so busy last night, would have gone to the station to send him off.”这句话，用汉语说，就是“我昨晚要是不那么忙的话，就去车站为他送行了”。

英语的许多可用于比较的形容词和副词有比较级和最高级这类词形变化，汉语则没有。在表达同类意思时，汉语常常使用“比”字表示比较级，使用“最”字表示最高级。如“This one is better than that oile”，用汉语说就是“这个比那个好”。“He runs fastest in his class”，用汉语说就是“他在班里跑得最快”。

（三）英汉词序的差异

英汉两种语言在词语顺序方面也有差异，这主要是由叙事的习惯决定的。在英语中，物主代词往往置于所代表的名词前，人称代词也常出现在主句前面的从句中。然而，在汉语中，则总是先出现名词，后出现代词。

有时，词序的变化是由英汉不同的句子结构决定的，如：

例：The smaller the thing the less the pull of gravity on it and it less the weight.

物体越小，地心引力对它的吸力就越小，重量也就越轻。

例：Computers Can ke 印 a wide range of records, including who sold what, when and to who.

计算机可以做大范围的记录，包括何人于何时向何人售出了何物。

（四）英汉词义的差异

英语词义灵活多变，词义的扩大、缩小、转褒、转贬、转为具体或转为抽象等情况随处可见。如“dog”一词的词义就在扩大。在古英语里“dog”指的是“猎狗”，在中古英语中泛指各种犬类，如今，其语义已经扩大到20余种。而“girl”一词的词义在中古英语中相当于“child”，不分性别，现在专指“女孩”或“未婚女青年”：“starve”在古英语中指“死亡”，现在指“饿死”。“found”一词原指“foolish（愚蠢的）”“insane（疯狂的）”，现指“kind and loving（慈爱的）”。“cunning”原指“有学问的人”，现指“狡诈的”。

人类对宇宙的认识经历了漫长的由客观到主观、由感性到理性、由具体到抽象的过程。在这个认知过程中，具象先于抽象。也就是说，表示物质对象的具体名词首先被人们认识、熟悉，并从中提取共同的、本质的属性，形成抽象的概念。如“king”这个词的具体语义是“国王”，抽象语义是“主宰”“统治”；“muscle”的具体语义是“肌肉”，抽象语义是“体力”“力气”；“brain”的具体语义是“大脑”，抽象语义是“智力”“脑筋”。

例 1：It is better to sleep naturally without taking medication.

最好是自然入睡，不靠吃药。

例 2：She has taken a lot of different medicine but none has cured the disease.

她吃了各种各样的药，但没有一种能治好她的病。

前句中的“药”是抽象名词，所以用“medication”，后句中的“药”指的是具体的“药”，是具体事物，所以用“medicine”。

还有一些词汇的转化刚好相反，是从抽象到具象转化的。从数目上看，这类词汇比从具象向抽象转化的词汇要少，但这类词汇在英语中也是俯拾皆是。如“beauty”的抽象语义是“美丽”，具象语义是“美人”；“acquaintance”的抽象语义是“相识”，具象语义是“熟人”；“license”的抽象语义是“许可”，具象语义是“许可证”“执照”。

相比之下，汉语词义则比较严谨，词的含义范围也比较窄，也比较精确固定，词义的引申性和对上下文的依赖性比较小，独立性比较大。这其中的道理就是汉语方块字循规蹈矩，多用本义，很少使用转义，也就是《现代汉语词典》所称的“比喻意”。

词义的不完全对应情况指的是某语言中的一词在另一种语言中有几个

同义词，这几个同义词所表达的意思虽然基本相同，但是用于不同的情况，如“津贴”一词，在英语里可用“allowance”和“subsidy”表示，但两者所指不同，前者指“个人津贴”，后者指“政府对某一行业给予的补贴”。

不对应的情况是指一种语言中的某个词汇单位在另一种语言的词汇里没有对应物，如专有名词和特指事物等。随着社会的发展，词汇的意思不断发生变化和转移，原有的对应关系常常被打破，新义旧义产生脱节的现象屡见不鲜。有时，词义演变成相近或相通的词，有时则是处于矛盾和相反的关系之中，在这种情况下，稍不留神，就可能出错。如“He learned me how to play chess”是说“他教我下棋”，而不是“他跟我学下棋”。

有些词汇在英汉两种语言里看似对应，实则不然。如“从上海到北京的飞机每天一班”，这句话如果说成“There was a daily shift from Shanghai to Beijing”就错了，因为“shift”是指工人干活分的早、中、晚班，而飞机的航班是“flight”，轮船的航班是“voyage”。

英语中有一部分词的词义成分是隐含的，汉语里找不到表达同样概念的专用词，所以只好采取描绘手法。如“The soldiers showed that they had plenty of grit（grit 指的是 quality of courage and endurance）”，用汉语说，就是“那些士兵表现得很勇敢，很能吃苦耐劳”。

表示同一概念，实说的时候，英语用特指词，意义明确、具体，显得正规、慎重；虚说的时候，用泛指词，即用一个跟特指词近义或同义的词语作替代词，意义概括、笼统，显得比较通俗、随便。汉语则没有这种区别。见下面的例句：

例 1：When will my laundry come back？

我洗的衣服什么时候能送回来？（用 laundry 代替 clothes）

例 2：This ancient vase is good for 3 million dollars.

这只古花瓶可卖三百万元(用 good for 代替 sell)

例 3：I have set down everything that happened as I remember it.

我记忆中所发生的一切我都记下了。(用 set down 代替 record)

在汉语和英语中都有许多固定词组，其字面意义和实际意义很不相同。字面意义一开始尽可能被淡化，但有时也需要用它来掩饰后者，以达到某种特殊的表达效果。如果把字面意义看作“指称意义”，那么实际意义就应该是“附加意义”了。其实，这两种意义经常只有显性与隐性之别，因为它们总是共同存在的，如果出典鲜为人知或者不重要，人们倒可能误解其实际意义，同时忽略其字面意义。这一类短语在两种语言的对译中最容易发生语义错位。例如，“老王卖瓜”不是“old Wang sells melons”，而是自己吹嘘自己的东西好；“互相借鉴对方的经验”，通常译为“to learn from each other’s experience”，而英美人把它说成“to profitably share our experience”；“这些原则一直是我们民族的精神支柱”，外刊说“TheSe principleS have nourished the soul of our nation”。“发挥余热”，外刊用“touse one’s availability”，表达得准确、生动。

同样，英语中的“fly off the handle”不是“把手飞了出去”，而是指“火冒三丈”；“spill the beans”不是“撒豆子”，而是指“说漏了嘴”；“compare notes”不是“对笔记”，而是指“交换意见”。

二、词义的选择、引申和褒贬

（一）词义的选择

在翻译过程中，首先碰到的问题是词义。英语中一词多义，汉语中一字多义，这是常见的语言现象。英国伦敦语言学派创始人弗思指出“Each wordwhen used in a new context is a new word”，这充分体现了英语词汇的灵活性。

因此，正确选择词义成为翻译过程中极其重要的一步。

请看英语词汇“run”在下列词组中的含义：

runaway——跑开　run dowrll——撞倒

run out——用完　run a race——参加赛跑

run to seed——变得不修边幅

由此可见“run”一词的含义极其丰富，除了本义“跑步”外，还有许多意思。

再请看“way”在下列句子中的含义：

Which way do you usually go to town.

你进城一般走哪条路线？

The arrow is pointing the wrong way.

这个箭头指错了方向。

She showed met he way to do it.

她向我示范做这件事的方法。

I don't like the way he looks at me.

我不喜欢他那种样子看着我。

Success is still a long way off.

离成功还远着呢。

We must not give way to their demands.

我们决不能对他们的要求让步。

汉语词汇也是如此，下面请看关于“上”的例子：

上班 —— go to work

上当 —— be taken in

上课 —— attend class

上年纪 —— be getting on in years

上市 —— come on the market

再请看“轻”在下列句子中的含义：

这件大衣很轻，但非常暖和。

This coat is light but very waFITl.

易碎品 —— 小心轻放

Fragile—— handle with care

他年纪虽轻，但做事非常负责。

He is young at age but very responsible in work.

不要轻看自己。

Don't belittle yourself.

不要轻易做出选择。

Don't make choices so easily.

今天我有些轻微的头疼。

I've got a slight headache today.

不难看出，翻译中选义的难易程度有多方面的因素在起作用，除了语言工具书可以帮助翻译，更重要的是，还要借助具体语境。

（二）词义的引申

所谓词义引申，指的是在一个词所具有的基本词义的基础上，进一步加以引申，选择比较恰当的汉语来表达，使原文的思想表现得更加准确，译文更加流畅。

词义引申主要使用词义转译、词义抽象化、词义具体化等方法实现。

1. 词义转译

有些词照搬词典翻译，会使译文晦涩、含混，甚至造成误解。这时就应根据句、文逻辑关系引申转译。如：

（1）heavy 的基本词义是重，heavy crop 引申为大丰收，heavy current 引申为强电流，heavy traffic 引申为交通拥挤等。

（2）sharp 的基本词义是锋利的、尖的，sharp eyes 引申为敏锐的目光，sharp image 引申为清晰的形象，sharp voice 引申为刺耳的声音，sharp temper 引申为易怒的脾气等。

2. 词义抽象化

英语中常常用一个表示具体形象的词来表示一种属性、一个事物或一种概念。翻译这类词时，一般可将其词义作抽象化的引申，译文才能流畅、自然。如：

（1）Every life has its roses and thorns. 每个人的生活都有苦有甜。（roses 和 thorns 抽象化后引申为“甜”和“苦”）

（2）We have to cut through all of the red tape to expand to the French market. 我们必须克服所有的繁文缛节，开拓法国市场。（red tape 抽象化后引申为“繁文缛节”）

（3）Mary stands head and shoulder above her classmates in playing tennis. 玛丽打网球的水平在班里可以说是“鹤立鸡群”。（head and shoulder 抽象化后引申为“鹤立鸡群”）

3. 词义具体化

英语中许多词意义较笼统、抽象，根据汉语表达习惯，引申为意义较明确、具体的词。这样，译文表达清晰、流畅，更加形象生动。如：

（1）The car in front of me stalled and I miss the green. 我前头的那辆车停住了，我错过了绿灯。（green 具体化后引申为“绿灯”）

（2）The big house on the hill is my ambition. 山上的那间大屋是我渴望得到的东西。（ambition 具体化后引申为“渴望得到的东西”）

（三）词义的褒贬

为了忠实于原文，仅查看词典是不够的，译者还必须正确理解原文背景，了解其思想内容等，然后选用适当的语言手段来加以表达。原文中有些词本身就含有褒义和贬义，译者在翻译时要相应地将其表达出来，但有些词孤立起来看是中性的，而放在上下文中揣摩则可增添其褒贬色彩，译者在翻译时也应恰如其分地将其表达出来。

英语中有些词不具有褒贬色彩，但根据语言表达的需要，翻译时要译出褒义或贬义达到更加忠实原文的目的。

（1）reputation：

① I' m very lucky to attend this college with an excellent reputation.

被录取到这所享有盛誉的学校，我很幸运。（褒义）

② He was a man of integrity, but unfortunately he had a certain reputation.

他是一个正直真实的人，但不幸有某种坏名声。（贬义）

（2）ambition：

① My sister worked so hard that she achieved her great ambitions.

我姐姐如此努力工作，最终实现了自己的抱负。（褒义）

② Ambition dominated their lives.

他们的生活受野心驱使。（贬义）

（3）demanding：

① This old professor has been persisting in his demanding research job.

这位老教授一直都不懈努力地追求着他的研究课题。（褒义）

② As a demanding boss, he expected total loyalty and dedication from his employees

他是个苛刻的老板，要求手下的人对他忠心耿耿，鞠躬尽瘁。（贬义）

三、词类的转换

在翻译实践中，要做到既忠实于原文又符合译文的语言规范，就不能机械地按原文词类“对号入座”，逐字硬译，而需要适当改变一些词类，即把原文中属于某种词类的词在译文中转译成另一种词类。这就是现在要讨论的词类转换。

词类转换在英译汉和汉译英时都是非常重要的手段之一，运用得当，可使译文通顺流畅，符合英汉习惯。现将英译汉以及汉译英时最常见的词类转换介绍如下：

（一）英语名词的转换

英语中名词使用的概率较汉语高，而且词义相当灵活，翻译时要从其基本意义出发，符合汉语习惯，联系上下文加以词类转换等灵活处理。通常英语名词可转译成汉语动词、形容词或副词。

1. 英语名词转译成汉语动词

（1）由动词派生的英语名词常常转译成汉语动词。例如，Her decision to retire surprised us a11. 她决定退休，我们大为惊讶。

（2）具有动词意义的英语名词常常转译成汉语动词。例如，would go to the park for a walk. 每天早晨，她都要去公园散步。

（3）表示身份或职业的英语名词常常转换成汉语动词。例如，She was a winner in this competition with her amazing performance. 凭着出色的表演，她赢得了这场比赛。

2. 英语名词转译成汉语形容词

（1）由形容词派生的英语名词可转译成汉语形容词。例如，She is a real beauty. 她非常漂亮。

（2）一些加不定冠词做表语或做定语的英语名词可转译成汉语形容词。例如，His promotion was a success. 这次促销活动是成功的。

3. 英语名词转译成汉语副词

英语中有些抽象意义的名词可以转译成汉语副词。例如，It is our pleasure to note that China has made great progress in economy. 我们很高兴地看到，中国的经济已经有了很大发展。

（二）英语形容词的转换

英语形容词可转译成汉语动词、副词或名词。

1. 英语形容词转译成汉语动词

英语中有些表示知觉、欲望等心理状态的形容词做表语时，可以转译成汉语动词。例如，Doctors said that they were not sure they could save her life. 医生们说他们不敢肯定能救得了她的命。

2. 英语形容词转译成汉语副词

英语名词译成汉语动词时，修饰名词的形容词常常转译成汉语副词。例如，I like having brief naps in the noon. 我喜欢在中午短短地睡上一小会儿。

3. 英语形容词转译成汉语名词

（1）表示特征或性质的英语形容词可转译成汉语名词。例如，The more carbon the steel contains，the harder and stronger it is. 钢中含碳量越多，其越硬越强。

（2）有些英语形容词前加上定冠词表示某一类人时，可转译成汉语名词。例如，They are going to build a school for the blind and the deaf. 他们将为盲人和聋人修建一所学校。

（三）英语副词的转换

英语副词可转译成汉语名词、形容词或动词。

1. 英语副词转译成汉语名词

有些英语副词因表达需要可转译成汉语名词。例如，He is physically weak but mentally sound. 他身体虽弱，但思想很健康。

2. 英语副词转译成汉语形容词

有些英语副词因表达需要可转译成汉语形容词。例如，The film impressed me deeply. 这部电影给我留下了深刻印象。

3. 英语副词转译成汉语动词

有些英语副词因表达需要可转译成汉语动词。例如，Now，I must be away. 现在，我该离开了。

（四）英语动词的转换

英语动词可转译成汉语名词或副词。

1. 英语动词转译成汉语名词

（1）英语中有些动词，特别是名词派生或名词转用的动词，在汉语中不易找到相应的动词，翻译时可将其转译成汉语名词。例如，Most students behaved respectfully towards their teachers. 大部分学生对老师的态度都很恭敬。（名词转用的动词）

（2）有些英语被动式句子中的动词，可以译成“受到／遭到……＋名词”或“予以／加以……＋名词”的结构。例如，He was snutfod by the topranking officials there. 他受到那边高级官员们的冷遇。

2. 英语动词转译成汉语副词

英语中有些动词具有汉语副词的含义，可以转译成汉语副词。例如，When I leave the house，I always watch out. 我出门时总是非常小心。

（五）英语介词的转换

英语介词搭配多样，关系复杂，运用广泛，翻译时应根据上下文灵活处理，通常可转译成汉语动词。例如，He is leaving for Beijing at 9 this moming. 今天上午 9 点他将动身去北京。

（六）汉语动词的转换

1. 汉语动词转译成英语名词

汉语中动词使用较频繁，而且常常几个动词连起来使用。而前面已提到，英语中名词使用较多，在汉译英时，可根据需要将汉语动词转译成英语名词。例如，说来话长：It is along story.

2. 汉语动词转译成英语形容词

汉语中一些动词往往可以转译成英语形容词，常用“be+ 形容词”来表达。例如，他连续 24 小时上网，这可说不过去：He has been on line for 24 hours in a row.This is inexcusable.

3. 汉语动词转译成英语介词或介词短语

介词的使用在英语中也非常灵活，在汉译英时，可根据需要将汉语动词转译成英语介词或介词短语。例如，如果遇到火灾，首先要切断电源：Break the circuit first incase of fire.

4. 汉语动词转译成英语副词

同样，有些汉语动词也可用英语副词来表达，这样用词更加简明，意思也非常准确。例如，灯开着，但没有人在家：The light was on, but nobody was in.

（七）汉语名词的转换

有些汉语名词在翻译时，也可转译成英语动词。但是，同时须注意，如果汉语前有形容词修饰语，则要随之转换成英语副词。例如，他的呼吸有大蒜的味道：His breath smells of garlic.

（八）汉语形容词或副词的转换

汉语形容词或副词可以转译成英语名词，这主要是语法结构或修辞上的需要。例如，思想交流是十分必要的：Exchange of ideas is a vital necessity.

第二节　句子层面的翻译技巧

英语文体各异，句型复杂，长句的出现频率高，逻辑性强，给译者带来了许多困难。然而，英语语言具有“形合”的特点，无论多长、多么复杂的结构，都是由一些基本的成分组成的。译者首先要找出句子的主干结构，弄清楚句子的主语、谓语和宾语，然后再分析从句和短句的功能，分析句子中是否有固定搭配、插入语等其他成分。最后，再按照汉语的特点和表达方式组织译文，这样就能保证对句子的正确理解。

一、英汉句子比较

英汉两种语言分属两个不同的语系，前者属于印欧语系，后者属于汉藏语系，因此，两者在句子结构上存在着很大差异。对比两者的异同，找出其中的差异及转换的规律是一项大有可为的研究。

（一）英汉句子种类及类型

英汉两种语言中的句子种类及类型有同有异，下面分别论述。

1. 英语句子种类及类型

句子是按语法规律构成的语言单位，用以表达一个完整的、独立的意思。句子是构成篇章的基本单位。句子的种类一般是按使用目的划分的，主要有陈述句、疑问句、祈使句和感叹句。句子的类型是按结构划分的，可大体分为简单句、并列句和复合句三种。

英语句子的建构是遵循一定规则的，并非胡编乱造。如“I was very happy to get your letter.”讲汉语的人只需说“接到你的信，非常高兴”，就可以把意思清楚地表达出来。然而，懂得英语的人都知道这个英语句子里的“I”是绝对不能省掉的，省掉它，不仅句子的结构不完整，意思也不清楚。人们马上会问：“Who Was very happy ? Who got the letter ?”由此可见，英语句子的建构必须遵循语言内部的固有规则，这些规则一般可以通过句子的基本结构来体现。

句子的基本结构也就是基本句型。英语的基本句型主要有六种。一个句子，无论多长、多复杂，都超不过这些基本句型的范围。哪怕是那些变化多端、一时难以辨认的变异结构，在经过认真分析、琢磨、追根溯源之后，也总能将其归入这六种基本句型中的某一种，真是万变不离其宗。这六种基本句型就是：

（1）主语 + 谓语（S+V）：Shirley didn' t exercise regularly.

（2）主语 + 谓语 + 宾语（S+V+o）：She opened the curtains to let the sunlight in.

（3）主语 + 谓语 + 双宾语（S+V+o+o）：They made the boy a flew coat.

（4）主语 + 谓语 + 复合宾语（S+V+O+O）：My mother told me to send you the money.

（5）主语 + 系动词 + 表语（S+v+P）：She has been absent from school for about three days.

（6）There be+ 主 语（V+S）：There are many English story—books in the library.

这六种基本句型中每一个句子成分都是构成该句型的要素，是句子的主要成分，缺一不可。

在英语句子中，除了主要成分外，还有一些起修饰作用的次要成分，主要为定语及状语等。这些句子成分虽然被称作次要成分，但就其作用来说，并非不重要。在很多句子中，它们都是必不可少的，离开它们，句子就会变得语义不清，甚至毫无意义，如上面列举的六种基本句型里的"regularly""to let the sun light in""for about three days""many English""in the library"等。很多句子一旦离开这些次要成分，就会像一棵棵原本枝繁叶茂的大树被削掉了树冠和枝丫，只剩下一根光秃秃的主干一样。任何一门语言都不可能仅靠主要成分来构句，不可能每句话都像"I like it”那样简单。可以说，主要成分构成句子的框架结构，而一个整体建筑不能仅有框架。所以，次要成分跟主要成分一样，都是表述思想必需的材料。

所谓简单句，是指一个句子里面只含有一套构成句子的基本结构，可以属于前面所述六种基本句型中的任何一种。句中各成分相互依存，缺一不可，而且，任何一个句子成分都不可能单独构成一个完整的句子。此外，英语句子里会经常出现两个（或两个以上）主语共同拥有一个谓语，两个谓语共同拥有一个主语，或两个谓语共同拥有一个宾语等情况，这类句子仍然属于简单句的范畴，因为两者中的任何一个都不能单独构成一个完整的句子成分（更不能单独成句），必须依附于另外一半，两者并存。

有简单句作基础，并列句的结构是很容易理解的。它是通过连接词把两个或两个以上互不依从的简单句（在并列句中称之为分句）连接起来构成的句子。这种起连接作用的词称作并列连词。常见的并列连词有：“and, or, either… or, neither… nor, not only… but also, as well as, both… and…”；此外，还有表示转折关系的“but, yet, however, never, the less”；表示因果关系的“so, for, therefore”等。有些并列句的两个分句间不用连词，而用分号，个别时候也用逗号。从理论上说，一个并列句可以拆分成两个简单句。但从意思上看，拆开之后的两个简单句很可能关系松散，或语义不明；而连在一起，则不仅关系紧密，而且逻辑关系清楚，因为这些连接词大多本身具有词义。

如果一个句子中的某个（或某些）句子成分不是由单词或短语而是由另一个句子来充当的，这个句子就是复合句。这种仅充当某种句子成分的句子叫作从句，它所依附的主干结构叫作主句。从句可根据其作用，分为主语从句、宾语从句、表语从句、同位语从句、定语从句和状语从句等。复合句中至少含有一个从句。那些较长的复合句中还常常出现“从句本身还是从句”的现象。也就是说，从句里面套着从句，一层又一层，有时还要外加各类短语，致使整个句子的结构变得十分复杂。但只要把握住了句子的基本结构，也就是熟知了基本句型，再长再复杂的句子也会理清头绪，不会出现理解上的混乱。

应该说，英语句子的建构是非常严谨的，有时甚至一丝不苟。在翻译中，谙熟英语的构句规则对理解原文会起到很大的帮助作用。

2. 汉语句子种类及类型

汉语的句子有单、复句之分。单句可以从不同的角度来分类。从句子所表达的内容和句子的语气来看，单句可以分为陈述句、疑问句、祈使句和感叹句四类。从句子语法结构来看，单句又可分为完全句、省略句、无主句和独语句四类。复句是由两个或两个以上在意义上有某种联系的单句合起来构成的比较复杂的句子。构成复句的单句叫分句，这些分句必须有一定的联系，这种联系可以用语序或关联词语来表示。例如，风一吹，朵朵白云从我身边漂浮过去，眼前的景物渐渐都躲到夜色里去；只要在什么时候再听到那种歌声，那声音的影片便一幕幕放映起来：歌声拖得很长，因此听得很远很远。

复句的结构比单句复杂，意义和容量也较大。复句的类型是依据分句之间意义上的不同来划分的，一般分为联合复句和偏正复句两大类。联合复句各个分句意义上的联系是平行的，可用来表示并列关系、递进关系、承接关系、选择关系和取舍关系等。例如，从来就没有什么救世主，也不靠神仙皇帝；他不仅会写小说，还会画画；村人看见赵七爷到村，都赶紧吃完饭，聚在七斤家饭桌的周围；不是你去，就是我去；七斤宁可受点累，也不要再麻烦他了。

偏正复句各个分句意义上的联系是有主次之分的，表示主要意义的分句叫作正句，表示次要意义的分句叫偏句，通常偏句在前，正句在后。偏正复句按偏句和正句之间意义上联系的不同可以分转折复句、条件复句、假设复句、因果复句、目的复句等。例如，他的话太感人了，可惜我不能够照样说出；国无论大小，都各有长处和短处；如果你肯让我们抄写，我们很乐意啊；既然你这么说了，我就跟你去一趟吧；你快去吧，免得他等急了。

（二）英汉句子结构

英汉两种语言在句法结构上存在很多不同之处。但限于篇幅，本章只侧重研究三种最主要的结构：形合与意合结构、被动结构和变异结构。

1. 形合与意合结构

英汉两种语言之间存在着很大的差异。仅就句子结构来说，一般认为英语较为严谨，汉语较为简明。这是因为英语注重语言形式上的接应，其句子的组成大多采用“形合法（hypotaxis）”；汉语注重行文意义上的连贯，其句子组成大多采用“意合法（parataxis）”。研究形合与意合，对提高英汉两种语言之间的互译质量有着不可忽视的作用。因此，本节主要探讨形合与意合语句的特点并进行两者之间的对比研究。

所谓“形合”，就是借助语言形式手段来实现词语或句子间的连接，也就是在句子的各个成分（包括词、词组、短句）之间使用相应的连接词或关联词语，以表示其相互间的关系。如“The gate was opened, and the audiencecame crowding in” 中 的“and”；“1 will go to find him after a while”中的“after”；“It looks like a storm, so let’s gather up our things and go home”中的“so”；“虽然我使尽全力，但是仍然搬不动这块石头”中的“虽然……但是”；“即使你去了那里，也不会有什么结果”中的“即使”；“假如我是你的话，我就不会这样做”中的“假如”等。这些关联词语把句子间或句子中各成分间的关系表示得一清二楚，这样的句子就叫作形合句。

形合句的主要特点是措辞严谨、语义明朗，它可以使语言内部的逻辑关系更清楚，可以使言语间的强调意味更明确。在英语中，那些属于句子或句子以下层面的比较短小的句式多为形合句。这是因为英语较为稳定而多样的形式手段控制着语言要素间的关系，汉语的情况则相反。另外，汉语在较长的语言片断或句式中多使用形合句，尤其在科技文中，不使用相应的关联词语，即不用形合句，往往很难达到一定的效果。

所谓“意合”，是指在句子结构中不借助语言形式手段，即关联词语等，而借助词语本身或句子所含的逻辑关系来实现句子间或句子中各成分间的连接，句子间或句子中各成分间的关系往往以语序的先后来表示。意合句是一种独立的、固有的句子，是意义上和句法上统一的整体。它有着自己的一套句法联系手段，如采用词语顺序、词汇接应、结构平行、形式重叠以及重复、推理等。如汉语中的“别说了！现在说啥都没用！”“给我我也不要”“巧妇难为无米之炊”“知己知彼，百战不殆；不知彼而知己，一胜一负；不知彼不知己，每战必殆”；英语中的“The earlier, the better”及“The more you give, the more you will get”等。这些句子根本就不需要“不管”“即使”“假如”或“if”之类的连接词语，因为句中隐含的逻辑关系已经说明了这层意思。可以说，意合句都比较精练。

意合句的主要特点就是短小精悍，因为它不靠连接词语来完成句子间或句子中各语言成分间的衔接。汉语重意合，所以短句用得多，其中有很多是对偶工整、节奏铿锵、朗朗上口的意合句，真是干脆利落，毫不拖泥带水，而且便于记忆。这些意合句大多是形合句的紧缩形式，是在形合基础上的发展、提高和升华。一句话，它简直就是语言经过长期使用而锤炼出来的精华。英语中也有一些意合句，主要体现在一些片语句式、非人称主语句式和介词短语取代从句的句式中。英语中较长的语言片段也往往采用意合法。

2. 被动结构

英汉两种语言都有主动句和被动句。所谓主动句和被动句就是表示主语和谓语之间关系的形式和手段。但同一语法术语在两种语言中所代表的内容并不完全相同。英语中的被动句是指具有被动语法意义的动词短语作谓语的句子，即谓语中含有助动词 be+ 及物动词的过去分词，这是被动语态的标记。而汉语中的动词没有这种标记，所以，其动词也就没有语态之分，凡是以主语为施动者的句子就是主动句，反之，以主语为受动者的句子就是被动句。

一般说来，无论在英汉哪一种语言中，以施动者为谈话中心时，多用主动句，以受动者为谈话中心时则用被动句。

英语被动语态的使用频率很高，几乎所有的及物动词和部分由不及物动词加介词构成的短语均可用于被动结构。只要说不出行为者是谁，或不想说，或不必说，或以受动者为谈话中心，或为了使上下文意思连贯等都可以使用被动语态。汉语中的“被”字句并非等同于英语中的被动语态，它仅仅是表示一种被动关系的句子，因为除了“被”字句外，还有判断句、“把”字句等，这些句式也都可以表示被动关系。在英汉互译中，被动句的转换可谓五花八门、灵活多变。

本节主要从英汉互译的角度分析两种语言中被动结构的异同。

（1）相同之处：当施动者不明或不必说出的时候，两种语言都用被动

句表示。如:

例 1: All his property was seized, and finally his German citizenship was taken away.

他的财产全部被没收，最后，还剥夺了他的德国公民身份。

例 2: He has been sent to work in London.

他被派到伦敦工作去了。

例 3: 这种方法被认为是必要的。

This method is thought necessary.

当强调被动动作或受动者时，两种语言都用被动句表示。但由于汉语的动词无词型变化，只能用某些词语来突出被动意义(有时不用)，其中最常见的除了“被”字以外，还有“遭”“受”“为”“挨”“让”“给”“获”等。

(2)相异之处: 英汉两种语言分属不同的语系，它们自身在构句方面的客观事实就是“异大于同”，因而其被动句的相异之处也是有很多相同之处的，所以，还需把重点放在相异之处上。

英语的被动句有形态标记，汉语则没有。所谓形态指动词的“态”，即时态、语态。英语动词有时态和语态的变化，时态表示动作发生的时间，是属于时间概念的，这里不做详论; 而语态是表示施动与受动概念的，分为主动语态和被动语态两种。汉语动词从时态上看，没有什么固定的表现形式，在表示主动、被动意义时也不受形式标记的约束，这是由汉语本身的语法所决定的。汉语中主语和谓语动词之间的施事——受事关系可以用多种不同手段来表达。

3. 变异结构

本节中涉及的变异结构主要包括倒装结构、间隔结构、省略结构等。

(1)倒装结构。英语的语序主要包括自然语序和倒装语序两种。使用倒装语序主要有两种情况：一是出于句法结构需要；二是出于修辞需要。

句法性倒装是出于英语句法结构的需要而采用的一种倒装形式，不倒装就不符合句法规范。这类倒装主要包括：多数疑问句以及表示让步、假设、重复关系的句子及某些以否定词等开头的句子。这里主要讨论表示让步、假设、重复关系及某些以否定词等开头的倒装句。

（2）间隔结构。英汉两种句子里，都会经常见到两个或两个以上的本应连在一起的成分之间插进了其他成分，使正常的句子结构出现间隔，语法学家称之为间隔结构。如“Mr.Brown thinks that family life, even if full filling, is not enough without friends.（布朗先生认为，没有朋友的家庭生活，即使很完整也是不够的）”但两种语言中的间隔结构并不是一一对应的关系。从上面的例句中可以明显地看出语序上的差异，这是由两种语言的不同构句和表达方式决定的。

（3）省略结构。省略就是在上下文提供明确信息的情况下，省略句子中的某些成分。它不但是一种“以无为有”的最简便的表达手法，而且是一种简便至极、“虽无胜有”的修辞手段。省略句虽然省去了句子语法构造所需要的组成部分，但是仍能表达其完整的意义。

在英汉两种语言中，随处都可能见到省略结构，因为这种结构能给人一种简洁的美感，如英语说：“Day dreaming again, Barb ?”而不必非得加上“You are”，汉语也是一样，说：“又在想入非非啦，巴勃?”而不用加个“你”字。有些省略句在英语里用起来很自然，在汉语里则不宜省略。英语尽量避免重复，能省则省，而汉语却不怕重复，在很多情况下，不重复就不能明确达意。

二、被动语态翻译

英语中被动语态使用范围很广，凡是在不必说出主动者、不愿说出主动者、无从说出主动者或者是为了便于连贯上下文等情形下，往往都用被动语态。汉语中虽然也有被动语态，但是使用范围狭窄得多。英语中被动语态的句子，译成汉语时，很多情况下都可译成主动句，但也有一些可以保留被动语态。

1. 转换成主动语态

在有些情况下，可变换语态，将原来的被动语态转换成主动语态，使译文明确易懂。

（1）A contingency plan against bankruptcy was hastily drawn up.

译文：防止破产倒闭的应急计划很快制订出来了。

（2）The special challenge that advertising presents can be illustrated by a statement made by the president of a major advertising agency in New York.

译文：纽约一家主要广告公司的总裁所做的陈述，可以阐释当前广告业所面临的特殊困难（原文中被动语态译为主动结构，原文中的主语在译文中作宾语）。

（3）This Contract is made by and between the Buyer and the Seller. Wherebythe Buyer agrees to buy and the Seller agrees to sell the under mentioned commodity according to the terms and conditions stipulated below.

译文：买卖双方同意按下列条款买卖下述商品，并签订本合同。

2. 保留被动语态

在进行英译汉时，语态不变，仍然保持原来的被动语态，但译者常常需要在主谓语之间加上一些汉语中表示被动的介词，如“被……”“给……”“受……”“止……”“为……所……”“遭……”等。例如：

（1）Competition in business is regarded to be a means to earn money.

译文：商业竞争被认为是一种挣钱手段。

（2）Although Americans today are likely to think that Alger's stories are too good to be true, they continue to be inspired by the idea of earning wealth and success as an entrepreneur who makes it on his own.

译文：尽管今天美国人有可能认为阿尔杰的故事好得令人难以置信，但是他们依然为那种自力更生赢得财富和成功的企业家精神所鼓舞。句中的“they continue to be inspired by the idea of earning wealth and success as an entrepreneur who makes it on his own”采用的是被动语态，在翻译成汉语时，可以保持原来的语态，只是在主谓语之间加上汉语中表示被动的介词“为……所”就可以了。

3. 译成无主句

例如：

（1）Your early confirmation would be greatly appreciated.

译文：万分感谢您能早日给予确认。

（2）On the whole such a conclusion can be drawn with a certain degree of confidence, but only if the child call be assumed to have had the same attitude towards the test as the other with whom he is being compared, and only if he was not punished by lack of relevant information which they possessed.

译文：总的来说，得出这种结论是有一定把握的，但必须具备两个条件：能够假定这个孩子对测试的态度和与他比较的另一个孩子的态度相同；他也没有因为缺乏别的孩子已掌握的有关知识而被扣分。

（3）Great efforts should be made to inform young people especially the dreadful consequences of taking up the habit.

译文：应该尽最大努力告知年轻人吸烟的危害，特别是烟瘾的可怕后果。

赏析：上述三例使用的是被动语态，句子中没有施动者。在翻译时，可以将其翻译成汉语的无主句。

4. “Abe done” 结构的处理

有时由于种种原因，英语被动句中省略了谓语动词的施动者，构成“A be done”结构。如果翻译时将其转换成主动语态，就变成了“do A”结构。在这种情况下，往往需要加上泛指性的主语，如“我们”“人们”“大家”“有人”等，或者将其翻译成汉语的无主句。

（1）The daily closing balance per account shall be checked against actual cash on hand.

译文 a：每日终了，我们应结出账面余额，并与实际库存核对相符。

译文 b：每日终了，应结出账面余额，并与实际库存核对相符。

上句使用的是被动语态，句子中没有施动者。在进行翻译时，可以在句首加上泛指性主语“我们”，如译文 a，也可以将其翻译成汉语的无主句，如译文 b。

（2）It is essentially stressed that the Buyers are requested to sign and return the duplicate of this contract within 3 days from the date of receipt. In the event of failure to do this, the Sellers reserve the fight to cancel the contract.

译文：必须强调：买方应于收到本合同之日起3日内签字并返还合同的副本，如买方不这样做，卖方保留取消合同的权利。

总之，正确理解与翻译英语复合句是英语翻译的重点之一，而要正确理解与翻译这些句子，关键是要准确划分原文句子结构，正确理解英汉两种语言在结构、语序以及语态方面的差异。要能正确处理好句子中各成分之间的复杂语法修饰关系和内在逻辑关系，还需要人们在商务翻译实践中不断进行探索。

三、定语从句的翻译

英语中，定语从句分为限制性从句与非限制性从句两种，在句中的位置一般是在其所修饰的先行词后面。限制性定语从句与非限制性定语从句的区别主要在于限制意义的大小。而汉语中定语作为修饰语通常在其所修饰的词前面，并且没有限制意义的大小之分，因此，限制与非限制在翻译中并不起十分重要作用。英语中多用结构复杂的定语从句，而汉语中修饰语不宜臃肿，所以，在翻译定语从句时，一定要考虑到汉语的表达习惯。如果英语的定语从句太长，无论是限制性的还是非限制性的，都不宜译成汉语中的定语，而应用其他方法处理。英语中单个词作定语时，除少数情况外，一般都放在中心词前面；而较长的定语如词组、介词短语、从句作定语时，则一般放在中心词后面。在了解英汉两种语言差异的基础上，以下介绍几种适合商务句子的翻译方法。

1. 前置法

前置法即在英译汉时把定语从句放到所修饰的先行词前面，可以用“的”来连接。既然定语从句的意义是作定语修饰语，那么在翻译的时候，通常把较短的定语从句译成带“的”的前置定语，放在定语从句的先行词前面。在商务翻译实践中，人们发现前置法比较适合翻译结构和意义较为简单的限制性定语从句，而一些较短的具有描述性的非限制性定语从句也可采用前置法，但不如限制性定语从句使用得普遍。例如：

（1）The role of selling in our society is to identify and provide the goods and services that will satisfy the needs and wants of the consumers.

译文：销售在社会中的作用就是识别并提供那些能够满足消费者需求的商品和服务。

赏析：在这句话中，限制性定语从句 that will satisfy the needs and wants of the consumers 用来修饰其名词中心词 goods and services。该定语从句比较短，我们在翻译时往往将其前置到先行词前面，使译文符合汉语的表达习惯。

（2）In an urban culture, where mobility is valued, and land is not an issue, female talents are more emphasized.

译文 a：在现代城市人的观念中，价值就是流动性，与土地无关，人们更加注重的是女性的才能。

译文 b：在重视流动性且土地不成为其问题的城市文化中，女性的才能更受重视。

赏析：该句中“where mobility is valued, and land is not an issue”为非限制性定语从句。非限制性定语从句通常有两种译法，一是译成前置结构放在所修饰的先行词前面；二是后置或译成并列的分句，或单独成句。译文 a 采用后置法，按照英文原文的顺序翻译，令人感觉意念不明。而译文 b 译为“的”字结构，置于先行词之前，更符合汉语表达习惯。

2. 后置法

后置法即在英译汉时把定语从句放在所修饰的先行词后面，翻译为并列分句。英语的定语从句结构常常比较复杂，如果译成汉语时把它放在其修饰的先行词前面，会显得定语太臃肿，而无法叙述清楚。这时，可以把定语从句放在先行词后面，译成并列分句，重复或者省略关系代词所代表的含义，有时还可以完全脱离主句而独立成句。例如：

（1）The importer can sell the goods to a new buyer while they are being carried by means of negotiable shipping documents which are very convenient for use.

译文 a：进口商可以通过使用起来非常方便的可转让的运输单据将货物在运输途中卖给新的卖方。

译文 b：进口商可以通过可转让的运输单据将货物在运输途中卖给新的卖方，这类可转让单据用起来非常方便。

赏析：译文 a 中将“which”引导的限制性定语从句前置，显得累赘拗口；而译文 b 采用后置的方法，重复先行词“negotiable shipping documents”，使得译文表意明确。

（2）The fact that these early entrepreneur built great industries out of very little made them seem to millions of Americans like the heroes of the early frontier days who went into the vast wilderness of the United States and tumed the forests into farms, village and small cities.

译文：这些早期的企业家几乎白手起家却创造了很大的产业，在千百万美国人看来，他们恰如早期拓荒时代的英雄，走进美国一望无际的荒野，将森林变成了农场、村庄和小城镇。

赏析：在这句话中，限制性定语从句“who went into the vast

wilderness of the United States and turned the forests into farms, villages and small cities"用来修饰其先行词"heroes of the early frontier days"。该定语从句较长，如果将其前置译成定语，译文比较累赘，也使人很难理解。在这种情况下，将定语从句从引导词 who 这里与主句拆开来，译成并列的分句并省略先行词，译文简洁明了。

(3) The strong influence of the success stories of the early entrepreneurs on the masses of Americans can be found in the great popularity of the novels of Alger, which were published in late nineteenth and early twentieth century America.

译文：阿尔杰的小说大受欢迎，我们可以从中发现早期企业家的成功故事对美国大众所产生的强烈影响。这些小说于 19 世纪末 20 世纪初发行于美国。

赏析：在该句中，非限制性定语从句"which were published in late nineteenth and early twentieth century America"修饰中心词"the novels of Alger"。译文采用后置法，将定语从句和主句拆开来翻译。定语从句重复先行词，并独立成句。

(4) China's patriarchy is a feudal holdover, scholars say, where land equals power male children inherited land

译文 a：学者们说，中国的男权统治是一种土地就是权力的封建残余。土地是由男孩继承的。

译文 b：学者们说，中国的男权统治是一种封建残余，在封建社会，土地就是权力，而土地是由男孩继承的。

赏析：该非限制性定语从句虽然不长，但是 where 在该句中指代的是"封建统治下的中国"，如果采用前置法，如译文 a，会造成对先行词的限定过窄。而译文 b 没有单纯重复先行词，而是转译为“封建社会”，与原文表意一致。

3. 融合法

融合法即把主句和定语从句融合成一个简单句，其中的定语从句译成单句中的谓语部分。由于限制性定语从句与主句关系较紧密，所以，融合法多用于翻译限制性定语从句，尤其是“there be”结构带有定语从句的句型。例如：

(1) Still.XianDai executives returned home with growing fears that their Chinese rivals are closing the technological and design gap with South Korea—a development that could be disastrous for the company.

译文：然而，现代汽车的高管回到韩国后，越来越担心中国竞争对手正在科技和设计方面缩小与韩国的差距，对该公司而言，这种发展可能是灾难性的。

赏析：上述两例均含有限制性定语从句。主句和定语从句关系密切，但强调的重点在定语从句。翻译时将主语译为名词词组，将定语从句译为谓语部分，关系词 that 省略，构成主谓结构。

(2) Most of the staff.who have hand signals spelling “welcome” printed on the back of their T-shirts, used to spend their days shut off from the public in special workshops for the handicapped, making things like jewellery or packaging.

译文：(咖啡屋)大多数工作人员在 T 恤衫后背上印有表示“欢迎”的手势，他们过去过着与公众隔绝的日子，在为残疾人开设的特殊车间里生产珠宝之类的东西或负责包装。

赏析：该例非限制性定语从句的翻译亦使用了融合法。译文将主句的主语与非限制性定语从句融合在一起，重新组合成句。

4. 状译法

英语的定语从句与汉语中的定语还有一个不同的地方，即英语中有些定语从句和主句关系不密切，它从语法上看是修饰定语从句的先行词的，但限制作用不强，实际上是修饰主句的谓语或全句，起状语的作用。也就是说，有些定语从句兼有状语从句的功能，在意义上与主句有状语关系，表明原因、结果、目的、让步、假设等关系。在这种情况下，需要灵活处理，在准确理解英语原文的基础上，弄清楚逻辑关系，然后把英语中的这些定语从句翻译成各种相应的分句。因此，应视情况将其翻译成相应的状语从句，从而更清晰明确地传达出原文中的逻辑关系。

（1）An automatic production line is excellent for the automotive industry where thousands of identical parts are produced.

译文：自动生产线非常适用于汽车工业，因为那里要生产成千上万个同样的零件。

赏析：在这句话中，“An automatic production line is excellent for the automotive industry”是主句，“where thousands of identical parts are produced”为限制性定语从句。从语法意义上看，该定语从句修饰其前的先行词“the automotive industry”，但是从逻辑意义上看，该定语从句与主句之间为因果关系。译文将该定语从句转译成原因状语从句，清晰明确地显示出句子间的逻辑关系。

（2）I think it will grow even on non—irrigated land where there is a forest belt.

译文：我想即使在没有灌溉的土地上，只要有一条树林带，它还是会生长的。

(3)The two sides were edging toward an improvement of relation that in time could be capped by a high—level American visit to Moscow, perhaps even a presidential visit.

译文：双方一步一步朝改善关系的方向前进，以便一旦时机成熟，就可以有一位美国高级人士访问莫斯科，也许甚至是总统亲自出访。

赏析：该定语从句含有表示双方改善关系的目的，故译为目的状语从句。

(4)Effo as to bring industrial development to what was a backward agricultural area caused a population boom and a shortage of housing, which local builders tried to meet with cheap, jerry—built homes, or by adding extra floors to existing houses.

译文：要给原本落后的这个农业区域带来工业发展机会，会造成人口激增和住房短缺。因此，为满足需要，当地建房者千方百计用廉价劣质的建材盖房子，或在现有住房上添加楼层。

赏析：该定语从句有表示结果的状语从句的功能，故译为结果状语从句。

(5)Any worker who dirty or who soils a wall with his hands or feet is docked a day’s pay.

译文 a：任何脏兮兮或者用手脚弄脏了墙壁的工人扣薪一天。

译文 b：任何职工，若服装不整洁，或用手脚污损了墙壁，就扣薪一天。

赏析：比较上面译文，不难发现，该定语从句若转译为条件状语从句，更符合汉语表达方式。

(6) Electronic computers, which have many advantages, cannot carry out creative work or replace men.

译文: 尽管电子计算机有许多优点，但是它们不能进行创造性工作，也不能代替人。

赏析: 该定语从句有表示让步的状语从句的功能，故转译为让步状语从句。

由此可见，语言的表达是灵活的。英语中的定语从句应根据原文的文体风格、原文内容、上下文的内在逻辑关系灵活处理。在翻译一个句子，特别是当原作语言和译作语言在语法结构和语义结构上差异较大时，往往要经过一个分析、转换和重组的过程。理想的翻译结果是在重组的过程中，两种语言的信息能产生共同的语义结构，并达到概念等值，最终使译文的读者对译文信息的反应与原文的读者对原文信息的反应趋于一致。

四、状语从句的翻译

英语的状语从句在句中可以表示时间、地点、原因、条件、让步、方式、比较、目的和结果等意义。表示不同意义的状语从句在句中分别由不同的从属连词引导。英汉语言中状语从句位置不同。英语中状语从句一般处在宾语后的句尾，即主 + 谓 + 宾 + 状，但有时也出现在句首，而汉语中状语的位置比较固定，汉语中状语往往位于主谓语中间，即主 + 状 + 谓 + 宾；或者为了表示强调，状语也常常位于主语之前。因此，人们在进行英译汉翻译时要遵循汉语的表达习惯，相应进行语序的调整，不能过分受制于原文的语序和结构。例如：

(1) You may also need resumes and appropriate cover letters if you decide to send out unsolicited applications to the companies you have

discovered in your initial search.

译文：你如果决定向那些首次搜寻中所发现的公司主动投寄求职信的话，也许还需要简历和相应的自荐信。

赏析：在这句话中，译文将条件状语从句前置到主谓语之间。

（2）When the levels reached 6 percent, the crew members would become mentally confused, unable to take measures to preserve their lives.

译文：当含量达到 6% 时，飞船上的人员将会神经错乱，无法采取保护自己生命的措施。

赏析：译文中时间状语从句置于句首。

（3）The Greeks assumed that the structure of language had some connections with the process of thought, which took root in Europe long before people realized how diverse languages could be.

译文 a：希腊人认为，语言结构与思维过程之间存在某种联系。这个观点早在人们认识到语言的千差万别之前，就已在欧洲扎根了。

译文 b：希腊人认为，语言结构与思维过程之间存在某种联系。这个观点在人们充分意识到语言是多么的形态万千之前，早就在欧洲扎根了。

赏析：时间状语从句“long before people realized how diverse languages could be”，翻译成汉语的时间状语。译文 a 比译文 b 通顺，且更符合汉语表达习惯。

（4）The policies open to developing countries are more limited than for industrialized nations because the proper economies respond less to changingconditions and administrative control.

译文：由于贫穷国家的经济对形势变化的适应能力差一些，政府对这种经济的控制作用也小一些，所以发展中国家所能采取的政策比起工业化国家来说就更有局限性。

赏析：译文中原因状语从句置于句首。

(5) Electricity is such a part of our everyday lives and so much taken for granted nowadays that we rarely think twice when we switch on the light or turn on the radio.

译文：电已成为我们日常生活中如此寻常的一部分，而且现在人们认为电是想当然的事，所以我们在开电灯或开收音机时，就很少再去想电是怎么来的。

赏析：译文中结果状语从句置于句尾，与原文顺序一致。

(6) The first two must be equal for all who are being compared, if any comparison in terms of intelligence is to be made.

译文：如果要从智力方面进行任何比较的话，那么对所有被比较者来说，前两个因素必须是一致的。

赏析：译文中条件状语从句置于句首。

(6) Television is one of the means by which these feelings are created and conveyed—and perhaps never before has it served so much to connect different peoples and nations as in the recent events in Europe.

译文 a：电视是引发和传递这些感受的手段之一 —— 在欧洲近来发生的事件中，它把不同的民族和国家连接到一起，其作用之大，或许前所未有。

译文 b：电视是引发并传达这些情绪的方式之一，在加强不同民族和国家间的联系方面，或许他从未像在近来欧洲事务中那样起过如此大的作用。

赏析：破折号后面是一个倒装句，正常的语序是“perhaps it has never served so much to⋯ as in⋯”，是一个比较状语从句，“as”后面省略了与主句重复的部分，即“it has served to connect different peoples and nations”。根据句意，翻译成“其作用之大，前所未有”。

（8）Therefore, although technical advances in food production and processing will perhaps be needed to ensure food availability, meeting food needs will depend much more on equalizing economic power among the various segments of populations within the developing countries themselves.

译文：因此，尽管也许需要粮食生产和加工方面的技术进步来确保粮食的供给，但是满足粮食需求更多的取决于使发展中国家内部的人口各阶层具有同等的经济实力。

赏析：译文中让步状语从句置于句首。

第三节　语篇层面的翻译技巧

句子是语法分析的理想单位，但在运用语言进行实际交往中，语言的基本单位则是语篇。语篇是由句子组建而成的，它是人们运用语言符号进行交往的意义单位，故可长可短。一部长篇小说是一个语篇，一个句子或短语，甚至一个词，都能构成语篇。因此，译者一定要把握好语篇的翻译。

一、语篇概述

“语篇”这个术语在不同学者的著述中具有不同的含义。胡壮麟在其《语篇的衔接与连贯》一书中指出，语篇是“任何不完全受句子语法约束的在一定语境下表示完整语义的自然语言”。英国当代语言学家韩礼德和哈桑在《英语中的衔接》中指出：“语篇指任何长度的、在语义上完整的口语和书面语的段落，它与句子或小句的关系不在于语篇的长短，而在于衔接。”“语篇与非语篇的根本区别在于是否具有语篇性——而语篇性是由衔接关系形成的。”

概而言之，语篇是高于句子的语言层面，能够独立完成某种特定交际功能的语言单位。语篇是语言结构和翻译的最大单位。语篇可以对话（dialogue）形式出现，也可以独白（monologue）形式出现；可以是众人随意交谈，也可以是挖空心思的诗作或精心布局的小说或故事。但是，需要注意的是，语篇并不一定就是一大段话，只要是表达了一个完整的意思，那么一个词语也可以称为语篇。例如，溺水者高呼一声：“Help !”这简单的一个词也可构成完整的语篇；公共场所的告示“No smoking”，虽然是个短语，但它是个完整的语义单位，有其交际目的和功能，也应看作完整的语篇。

随着语篇意识的不断推广，语篇翻译的理念逐渐受到重视。翻译的视角也从以句子为中心模式转移到了整体语篇的翻译模式，以语篇为基准进行翻译操作。译者要实现译文的功能和目的，通常需要以篇章为翻译单位，即从篇章着眼，从词、词组、句子、语段等不同平面着手，达到译义的衔接与连贯以及整体格调、布局的得体。例如：

例：Working for President Ronald Reagan, Mr Bush was a silent and subservient vice president, a former rival who gave himself the task of proving his loyalty by staying in the back—ground and never speaking out when his beliefs differed from those of his boss.In his own White House, Mr

Bush is encouraging a different chemistry with the man who has taken his place.

译文：布什先生为里根总统效力时曾是一位缄默顺从的副总统。因为他曾是里根的竞争对手，（当了副总统后）他要证实自己对里根的忠诚就尽量不突出自己；在自己的观点与主子相左时，他总是把话放在肚子里。现在布什自己入主白宫，他很希望与接替他原来位置的人（指副总统戈尔）以一种不同的关系相处。

根据上下文，例中的chemistry在这里不能解释为“化学”，而是表达（人与人之间的）“关系”。语篇作为一种“交际活动”，有其自身的标准。语篇语言学者博格兰德和德雷斯勒认为，它必须具备七项标准：衔接性、连贯性、意向性、可接受性（Acceptability）、语境性、信息性和语篇参照性（互文性）。

语篇具有语篇特征，即一个连贯的语篇必须具有衔接成分，同时必须符合语义、语用和认知原则，句子与句子之间在概念上必须有联系，句与句的排列必须符合逻辑。判断语篇的标准，不在于有没有衔接词，而在于是否有意义上的联系。韩礼德与哈桑在其合著的《英语的衔接》中，曾就语篇的特性提出既通俗易懂又十分精辟的论断：

A text is a unit of language in use.It is not a grammatical unit, like a clause or a sentence; and it is not defined by its size...A text is not something that is like a sentence, only bigger; it is something that differs from a sentence in kind.A text is best regarded as a semantic unit: a unit not of form but of meaning.Thus it is related to a clause or sentence not by size but by realiation, the coding of one symbolic system on another.A text does not consist of sentences: it is realized by, or encoded in, sentences.

译者语篇意识的强弱对译文质量起着决定性作用。强调语篇意识是指译者不要仅仅把词、句看作互不相连的单独的个体，而是要在更宏观的语篇框架下把单词、小句看成有机的一个整体进行理解，通过细致地研究文章的遣词造句，以揣摩作者字里行间渗透出的深层含义。有语篇意识的译者对于词汇的把握不仅仅停留在单独的、分离的词素单位上，而会从更广义的语篇层面上对词义进行理解。有了语篇意识的介入，译者在翻译时必须更透彻地理解原文的语篇层面，包括文化语境、作者的交际意图、文体以及风格等。例如，Waterloo Bridge：魂断蓝桥；Rebecca：蝴蝶梦；The Bridges of Madison Country：廊桥遗梦；Along the Silk Road：丝路花语。

英文中有大量词汇是多义词，如果不考虑它所出现的语境而随便翻译，不仅会给读者以误导，还不能忠实地传达原文的信息。以上四例如果直译，就会分别变成“滑铁卢桥”“丽贝卡”“麦迪逊镇的桥”“沿着丝绸的路”，既不能传递出作者所要表达的内容，又不能给人以美好的想象，这样的翻译十分失败。这也再一次证明语篇意识对译者的重要性。

二、英汉语篇比较

语篇结构是某一特定文化中组句成篇的特定方式，是一种约定俗成的、相对稳定的语言使用习惯，是文化因素在语言运用过程中长期积淀的结果。语篇是由段落组成的，段落是由句子组成的。语篇要求内容一致、意义连贯，要求用有效的手段将句子、句群、段落连成一个有机的整体。

与句子相比，篇章具有自己的特点。它不是一连串孤立句子的简单组合，而是一个语义上的整体。从语言形式上看，篇内各句、段之间存在着粘连性，如连接、替代、省略、照应；从语义逻辑上看，全篇通常有首有尾，各句段所反映的概念或命题具有连续性，而不是各不相关。每个句子都起着一定的承前启后的作用，句与句、段与段的排列一般都符合逻辑顺序。

（一）英语语篇结构

英语语篇一般是由几个相互关联的段落组成的，每一段阐述一个要点。文章结构具有系统性、严密性的特点。一篇结构完整、脉络清晰的文章应具有三个主要的组成部分：引言段、正文和结尾段。

引言段位于文章的开头，其最基本的作用是引导读者阅读文章的其余部分。引言在全篇文章中所占的比例较小，用于说明文章讨论的是什么问题，将要谈哪些问题等。引言段一般包括两部分：概括性的阐述和主题的阐述。概括性的阐述是指引出文章的主题，简要提供有关主题的背景信息，以引起读者的注意，便于读者了解文章论题的由来，对文章的意图和意义产生兴趣。文章主题的阐述就像段落的主题句一样，阐明文章的主题。它包含了正文具体论述扩充的内容，同时也表明作者的态度、意见、观点。与段落主题句相比，主题的阐述更为宽阔，它表达整篇文章的中心思想，并可能表明整篇文章的组织构思方法。主题阐述常位于引言段的结尾处。

文章的正文也称主体，是文章的核心，位于引言段之后。正文一般由一个或多个段落组成，在文中占较大篇幅。作者在正文的写作中围绕引言部分所提出的主题选用相关细节和事实依据说明和解释主题并深化主题，使主题思想得到升华。主题一般由若干个次主题组成，每个段落阐述一个次主题，所以正文中段落的数目一般由次主题的数目决定。正文部分实际上就是通过对次主题的逐一论证达到对主题的论证的。正文部分的逻辑性，如正文内容的安排顺序和层序等，都是依据主题对各个次主题地统率，次主题对事实、数据、细节地统率体现出来的。

结尾段位于文章的末尾，是整篇文章不可缺少的组成部分，是要点总结。它总结归纳文章正文阐述的观点，并重申主题，与引言段首尾呼应。由于这是作者展示论点的最后机会，所以结尾段应该警策有力而又耐人寻味。

英语语篇思维模式的特点是：先总括，后细节；先抽象，后具体；先综合，后分析。作者往往直截了当地声明论点，然后逐渐、有层次地进行阐述，非常注重组织、注重理性，主从层次井然扣接，句子组织环扣盘结。

（二）汉语语篇结构

汉语语篇的思维模式既包括英语语篇的思维模式，又具有自己的独到之处。总体来说，它是比较灵活的，其论点的提出取决于文章思路的安排。也就是说，可根据文章的内容、性质和论证的方式与方法等因素在最恰当的地方提出论点。根据论点在文章中的位置，汉语语篇模式可分为文首点题、文中点题和文尾点题等。

例：近年来，在女性生活方面发生了最显著的社会变革。到现代，女性专门在家照看孩子的比例已明显减少。而 10 世纪末结婚的女性当时可能正值二十几岁，一生生过七八个孩子，其中有四五个只活到 5 岁就夭折了。等最小的孩子长到 15 岁的时候，做母亲的就已经年过半百，也许还能活上 20 年。在此期间，风俗习惯、机遇和健康等因素使她在一般情况下，不大可能得到有收入的工作。如今，女性结婚时的年龄已趋年轻化，生育的孩子也少了。通常，最小的孩子长到 15 岁时，母亲才 45 岁，还有望再活 35 年，所以，很可能在 60 岁退休前得到有收入的工作。即使在家照料孩子，她的劳动强度也因为有家用电器和方便食品而有所减轻。（文

首点题）

例：记得有这样一部影片，片名忘记了，里面演了四个人在接受警方讯问，内容关系到一个被谋杀的女人的性格和生活方式。四个人都很熟悉这个女人，但是，这个女人向他们每个人展示的都是自己不同的一面。那个爱她的男人看到的是她这个人有趣、聪明和奢侈。那个跟她是同学的女孩说她矜持寡言、交友慎重，而且有点吝啬。她的老板（这女人是他的秘书）觉得她工作努力，但愚钝，是最不能使人产生激情的女人，更不涉及谋杀案。她的女房东说她很随和、容易相处，但邋遢，不把金钱放在心上。她说："我总得提醒她交房租，但我喜欢她。她总是高高兴兴的，有谁遇到了难处，她总是乐意帮忙。"这部电影的意义并不在于揭示谁是谋杀者，而在于如何展示我们大家都在遵循的生活方式：我们都在向不同的人展示自己不同的方面。对我们大多数人来说，这并不是有意识的欺骗，而是一种变色龙般的应变能力，是一种由于生活在安全感不断受到威胁的社会中而采取的自我保护形式。（文中点题）

例：在市场经济中有一个重要的因素，那就是消费者能够借以表达自己的要求并得到生产者的反应的机制。在美国经济中，这种机制是由价格体系提供的。价格体系就是价格随着消费者的相关需求和卖方与制造商所提供的服务而涨落的过程。假如产品供不应求，价格就会被哄抬起来，这样，一些消费者就会被淘汰出市场。从另一方面看，生产较多的产品如果会导致成本下降的话，也往往会使卖方和制造商增加供应量，反过来，又能降低价格，允许更多的消费者购买产品。因此，价格是美国经济体制中起调节作用的机制。（文尾点题）英汉两种语言在语篇结构方面有许多相似之处。在语篇的表现形式上，两者都很灵活、多样。无论是英语的语篇还是汉语的语篇都可长可短，而且都具备完整的意义和交际功能。在语篇结构上，两者都要求具有艺术性。也就是说，在谋篇布局的各个方面，包括开头结尾的照应、段落的安排、内容的详略等，作者都要深思熟虑，精心谋划。

三、语篇分析在翻译中的运用

语篇分析是美国语言学家哈里斯于 1952 年首先提出来的一个术语，后来被广泛用于社会语言学、语言哲学、语用学、符号学、语篇语言学等领域。自从翻译界将“语篇分析”这个语言学研究的成果嫁接到翻译学科，翻译界对“上下文”的认识有了一个飞跃，从感性上升到理性，从经验上升到理论。掌握了“语篇分析”理论，译者就能在跋涉译林时，既看到树木，也看到整片森林；就能将原文的词、句、段置于语篇的整体中去理解、去翻译。这样，译文的整体质量就有了很大提高。语篇分析的基本内容包括衔接手段、连贯、影响语篇连贯的因素，其中对译者而言，最为重要的是衔接与连贯。

句子或句群不是杂乱无章地堆砌在一起构成段落与篇章，相反，它们总是依照话题之间的连贯性和话题展开的可能性有规律地从一个话题过渡到另一个话题的。篇章的存在要求其外在形式和内在逻辑，即衔接和连贯具有一致性。作为语言实体，段落与篇章在语义上必须是连贯的，而连贯性在很大程度上需要靠语内衔接来实现。连贯是首要的，衔接要为连贯服务。翻译工作者为了使译文准确、通顺，就必须处理好衔接与连贯的问题。在英译汉实践中，译者应该首先吃透原文，了解作者怎样运用衔接手段来达到连贯目的，然后根据英汉两种语言在形式与逻辑表达上的差别通权达变。

（一）语篇的衔接

衔接是篇章语言学的重要术语，是语段、语篇的重要特征，也是语篇翻译中的一个重要环节。衔接的优劣，关系到话语题旨或信息是否被读者理解和接受。所谓语篇衔接，就是使用一定的语言手段，使一段话中各部分在语法或词汇方面有联系，使句与句之间在词法和句法上联系起来。例如：

The human brain weighs three pounds, but in that three pounds are ten billion neurons and a hundred billion smaller cells.These many billions of ceils are interconnected in a vastly complicated network that we can't begin to unravel yet...Computer switches and components number in the thousands rather than in the billions.

译文：人脑只有三磅重，但就在这三磅物质中，包含着一百亿个神经细胞，以及一千亿个更小的细胞。这上百亿、上千亿的细胞相互联系，形成一个无比复杂的网络，人类迄今还无法解开其中的奥秘……电脑的转换器和元件只是成千上万，而不是上百亿、上千亿。

在上例中，billion 一词重复出现了四次：ten billion neurons, a hundred billion smaller cells, these many billions of cells, in the billions。很显然，前两次所说的是不同的两种细胞，而第三次是对前两次所说的两种细胞的统称，而第四次是指那两种细胞的数量。因此，在翻译时要对 billion 一词加以注意，应将英语的数目概念改成汉语的数目概念，照顾语篇的连贯，切忌把 These many billions 译成“这许多十亿”和把 in the billions 译成“数以十亿计”，这样会切断语篇的连贯性，让读者不明所以。

句组中的各个句子之间、句组与句组之间需用不同的衔接手段来体现语篇结构上的黏着性和意义上的连贯性。语篇的衔接手段大体可分为词汇手段、语法手段两大类。

1. 词汇手段

语篇的连贯可以通过词汇衔接手段予以实现。韩礼德和哈桑认为，英语词汇衔接关系可分为两类：同现关系（collocation）和复现关系（reiteration）。此外，运用逻辑连接法也可实现语篇的连贯。

（1）词语之间的同现关系。同现关系指的是词语在语篇中同时出现的倾向性或可能性。一些属于同一个“词汇套”（1exical set）或同一个“词汇链”（1exical chain）的词常常一起出现在语篇中，衔接上下文。例如 thirsty 一词常会使人们联想到 drink，water，soda water，mineral water，tea，coffee，coke，beer 等词，这些词可能会在语篇中同时与 thirsty 一词出现。除了这种词之外，反义词也常用来构成词语之间的同现关系。反义词的两极之间可以存在表示不同程度或性质的词语，如在 hot 和 cold 之间尚有 warm，tepid，lukewarm，cool 等词。

例：John is a good teacher.But he is a bad husband.

译文：约翰是一位出色的老师，但他不是好丈夫。

上述例子中的 good，bad 这一对反义词就构成了两句话之间存在的同现关系。

此外，互补词也能确立词语之间的同现关系。

（2）词语之间的复现关系。韩礼德和哈桑认为复现关系主要是通过反复使用关键词、同义词、近义词、上义词、下义同、概括同等手段体现的。词语的不同复现手段往往能显示不同的文体或风格特征。他们通过下列例子证明了自己的观点。

原句：There’s a boy climbing that tree. 有一个男孩正在爬那棵树。

①The boy's going to fall if he doesn't rake care.那个男孩将会掉下来，如果他不小心。

② The child's going to fall if he doesn't take care. 那个孩子将会掉下来，如果他不小心。

③ The lad's going to fall if he doesn't take care. 那个少年将会掉下来，如果他不小心。

④ The idiot's going to fall if he doesn't take care. 那个笨蛋将会掉下来，如果他不小心。

上例中，①②③④是对原句的复现。①是boy一词复现，②中的child是boy一词的上义词，③中的lad是boy的同义同，④中的idiot属于概括词，口语中可泛指人（常含贬义色彩或熟稔口吻）。

原句：I turned to the ascent of the peak. 我向顶峰攀登。

① The ascent is perfectly easy. 攀登是十分容易的。

② The task is perfectly easy. 这项任务是十分容易的。

③ It is perfectly easy. 它是十分容易的。

③ 1nle climb is perfectly easy. 攀登是十分容易的。

⑤ The thing is perfectly easy. 这件事是十分容易的。

上例中，原句和①②③④⑤句之间存在着复现关系，其衔接就是通过词汇手段实现的。①的手段是重复使用关键词；②的手段是使用上义词；③的手段是运用代词；④的手段是使用同义词；⑤的手段是使用概括词。

（3）运用逻辑连接语。逻辑连接语（logical connectors）指的是表示各种逻辑意义的词、短语或分句，包括以下几种。

①表示句子之间（含句组之间）的时间关系（temporal relation）的逻辑

连接语。

②表示句子之间的因果和推论关系（causal / resultive / inferential relation）的逻辑连接语，如 consequently, so, otherwise, then, hence, because, BS a result, for this reason, in that case 等。

③表示附加关系（additive relation）的逻辑连接语，如 by the way, in other words, for instance, likewise, similarly, and, or 等。

④表示句子之间的转折和对比关系（adversative / contrastive relation）的逻辑连接语，如 however, but, yet, never the less, in fact, in any case, on the contrary 等。

⑤表示位置（location）、方向（direction）和地点（location）等意义的逻辑连接语，如 over, here, there, under, above, down, up, nearby, further, beyond, beneath, adjacent to, close to, near to, next to, in front of, on top。

2. 语法手段

句子或句组之间的衔接可以通过语法手段予以实现。其中较为常见的语法手段有以下几种。

（1）动词的时、体变化。动词的时和体可以在句子中起到衔接作用。例如：

① The boy stopped running.He saw his mother. 那个男孩停止跑动，他看到了他的母亲。

② The boy stopped running.He had seen his mother. 那个男孩停止跑动，因为他看了他的母亲。

从动词的时、体变化角度可看出，句①中的两句之间，存在动作发生的时间顺序关系，而句②中的两句之间既存在着动作发生的时间顺序关系，又存在着因果关系。

（2）照应手段。照应（reference）指的是词语与其所指对象之间的关系。在语篇中，如果对于一个词语的解释不能从词语本身获得，而必须从该词语所指的对象中寻求答案，就产生了照应关系。因此，照应是一种语义关系，是表示语义关系的一种语法手段，也是帮助语篇实现其结构上的衔接和语义上的连贯的一种主要手段。照应关系可分为两种类型：语内照应（endophora）和语外照应（exophora）。语内照应又可分为两种情况：一种是“上指”（anaphora，亦称“反指”），即用一个词或词组替代上文中提到的另一个词或词组。另一种情况是“下指”（cataphora，亦称“预指”），即用一个词或短语来指下文中即将出现的另一个词、短语乃至句子。语外照应是指在语篇中找不到所指对象的照应关系。

（3）替代。替代（substitution）是一种既可避免重复又能连接上下文的手段，指的是用代替形式（substitute）来取代上文中的某一成分。替代是一种语法关系，与照应表达对等关系不同，它表达的是一种同类关系。在语篇中，替代形式的意义必须从所替代的成分那里去查找，因而替代是一种重要的衔接语篇的手段。替代可分为名词性替代（nominal substitution）、动词性替代（verbal substitution）和分句性替代（clausal substitution）等多种形式。与英语相比，汉语中替代手段使用的频率较低，汉语往往使用原词复现的方式来达到语篇的衔接与连贯。英语可以用代词 so，do，do the same 等替代形式来替代与上文重复的成分，形成衔接。但是汉语没有类似的替代形式，通常需要用词义重复来连接。因此，译者在翻译时应注意英语、汉语的不同表达习惯。

例：The Americans are reducing their defense expenditure this year.I wonder if the Russians will do too.

美国人今年在削减国防开支，我怀疑俄罗斯人也会这样做。

例中 do too 替代了 reducing their defense expenditure，体现出英语的简洁性。

例：Everyone seems to think he' s guilty.If no doubt he'll offer to resign.

似乎每个人都认为他是有错的。如果是这样，毫无疑问，他将会提出辞职。

例中的 so 替代了前文的分句 everyone seems to think he' s guilty，简洁明了。

例：Electrical charges of a similar kind repel each other and those that are dissimilar attract.

同性电荷相斥，异性电荷相吸。

此例中代词 those 替代了前文中的 electrical charges，译文则采用的是“电荷”这一名词。

（4）省略。省略（ellipsis）指的是把语言结构中的某个成分省去不提。句中的省略成分通常都可以从语境中找到，这样句与句之间就形成了连接关系。同替代一样，省略（ellipsis）的使用也是为了避免重复，突出主要信息，衔接上下文。作为一种修辞方式，它符合语言使用的经济原则。省略可看作一种特殊的替代——零替代（substitution by zero）。省略是一种重要的语篇衔接手段。省略也可分为名词性省略（nominal ellipsis）、动词性省略（verbal ellipsis）和分句性省略（clausal ellipsis）。相比较而言，英语的省略现象比汉语要多一些。因为英语的省略多数伴随着形态或形式上的标记，不容易引起歧义。

例：Everybody has a responsibility to the society of which he is a part andthrough this to man-kind.

译文：每个人都对他所属的社会负有责任，通过社会对人类负有责任。

英语有 to 这一形式标记，说明省略的动词成分，这样能使前后衔接，结构紧凑，汉语的习惯则要求重复这一成分。

在省略这一衔接手段中，译者尤其需要注意的是，汉语经常省略主语，因为汉语具有主语控制力和承接力强的特点，在汉语语篇中，当主语一次出现后，在后续句中可以隐含。

例：Arthur Clarke was born in Mine head，England.Early interested in science，he constructed his first telescope at the age of thirteen.He was a radar specialist with the Royal Air Force during World War 1I.He originated the proposal for use of satellites in communication.

译文：阿瑟·克拉克生于英格兰的明海德镇。自幼喜爱科学，十三岁时制作了自己的第一架望远镜，第二次世界大战期间是皇家空军的一位雷达专家，曾首先提议将卫星用于通信……

在上例中，英语句子在结构上是比较工整的，每个句子都有主语。而在汉语译文中，只要意思明确，句子的主语可以省略，一个主语可以管一个小的段落。

（5）连接。连接（connection）是表示各种逻辑意义的连接手段，连接词又称“逻辑联系语”。连接词既可以是连词，也可以是具有连接意义的副词、介词及短语，还可以是分句。连接关系是通过连接词以及一些副词或词组实现的。连接词在语篇中具有专业化的衔接功能，表明了句子间的语义关系，甚至通过前句可从逻辑上预见后句的语义。通过使用各种连接词语，句子间的语义逻辑关系可以明确表示出来。

语篇中的连接成分是具有明确含义的词语。通过这类连接性词语，人们可以了解句子之间的语义联系，并且可以根据前句预见后续句的语义。韩礼德将英语的连接词语按其功能分为四种类型：添加、递进，转折，因果，时序。这四种连接词的类型可分别由 and，but，so，then 这四个简单连词来表达，它们以简单的形态代表这四种关系。

添加、递进是指写完一句话之后，还有扩展余地，可以在此基础上再添加某些补充信息。表示添加、递进的连接词语有 and，furthermore，in addition，what is more 等。

转折是指后一句的意义与前一句的意义截然相反。前一句的陈述是肯定的，后一句却是否定的；前一句是否定的，后一句则是肯定的。表示转折关系的连接词语有 but，on the other hand，however，conversely 等。

因果连接是指以各种不同方式体现的原因与结果的关系。表示因果关系的连接词语有 because，so，for this reason，consequently 等。

时序性连接词语表示篇章的事件发生的时间关系，这类词语有 formerly，first，then，in the end，next 等。请看下面例子。

例：My client says he does not know this witness.Further，he denies ever having seen her or spoken to her.

译文：我的当事人说他并不认识这位证人。更深一层地说，他否认见过这位证人或与她说过话。

此例中后面补充的语义实质上是对前面内容的扩展和肯定，并使两个句子紧密地连接起来。

例：I am afraid I' ll be home late tonight.However，1 won' t have to go in until late tomorrow.

译文：我担心今晚回家会晚。可我不会一直晚到明天才回家的。

此例中，前一句是陈述句，后一句是否定句，后一句的意思与前一句完全不同。

例：Chinese tea is becoming increasingly popular in restaurants and even in coffee shops.This is because of the growing belief that it has several health giving properties

译文：中国的茶艺在餐厅甚至是咖啡厅里越来越流行。这是因为人们逐渐相信茶里含有许多对健康有益的物质。

此例中，前一句是描述结果，而后一句则是对前一句这一结果产生的原因的解说。

作为语篇中的衔接手段，英语的连接词和汉语的连接词之间存在着若干相同点。首先，它们的功能是相同的，语篇连接词本身就是意义明确的选项，它们在语篇中衔接句子与句子，或者衔接段落与段落时，能够明白无误地表达句子之间或段落之间的语义联系和逻辑关系。此外，无论是英语还是汉语，在绝大多数情况下，连接词都出现在句首位置，它们就像纽带一样，将前句与后句或前段文字与后段文字紧密地连接起来。

(6)排比结构。排比结构整齐匀称，意义连贯，能使语言产生和谐的均衡美。它既是一种修辞手法，也是语篇的一种衔接手段。例如：

① If you prick us, do we not bleed？你们要是用刀剑刺我们，我们不是也会出血的吗？② If you tickle us, do we not laugh？你们要是搔我们的痒，我们不是也会笑起来的吗？

(妻)If you poison us, do we not die？你们要是用毒害我们，我们不是也会死的吗？

And if you wrong us, shall we not revenge？那么要是你们欺侮了我们，

我们难道不会复仇吗?

这是莎士比亚的《威尼斯商人》中的名言。同样的句式，整齐排列，译文也采用了排比结构，意思连贯，具有和谐美。

由于衔接是通过词汇或语法手段加以实现的，所以学者们认为它是语篇的“有形网络”。译文也要通过一定的衔接手段，将句子与句子、段落与段落按照逻辑组织起来，构成一个完整或相对完整的语义单位。但是，由于英语和汉语存在不同的语言特点，其衔接手段的侧重点和频繁度也有所不同。英语是形合语言，注重表层语言结构成分的前后照应与衔接。而汉语是意合语言，更注重句子成分之间的逻辑关系，在行文时多以意相连，省略和关联衔接更为频繁。总之，在英汉互译时，译者要通过正确理解联句成篇的衔接手段，更好地把握原文作者的完整逻辑思路，并在生成译文语篇时对原文的衔接方式进行必要的转换和变化，将句子与句子、段落与段落按照逻辑组织起来，构成一个完整或相对完整的语义单位。

（二）语篇的连贯

语篇既然是语义单位，那么能够称作“语篇”的语言实体必须在语义上是连贯的(Text must be coherent)。语义连贯是构成话语的重要标志。衔接是通过词汇或语法手段使文脉贯通，而连贯是指以信息发出者和接受者双方共同了解的情景为基础，通过逻辑推理来达到语义的连贯。如果说衔接是篇章的有形网络，那么连贯则是篇章的无形网络。译者只有理解看似相互独立、实为相互照应的句内、句间或段间关系并加以充分表达，才能传达原作的题旨和功能。

例：I wrestled with my own resolution：I wanted to be weak that I might avoid the awful passage of further suffering I saw laid out for me.

译文：我和我自己的决心搏斗着：我要成为软弱的人，这样我就可以避免去走那条要我受更多苦难的可怕的路，我看到这条路就摆在面前……

例中，译者在翻译时，重复了主体“我”，也明确了客体，使译文豁达流畅。

例：The chess board is the world, the pieces are the phenomena of the universe, the ruies of the game are what we call the laws of nature.The player on the other side is hidden from US.We know that his play is always fair, and patient.But We also know, to our cost, that he never over looks a mistake, or makes the smallest allowance for ignorance.

译文：世界是盘棋，万物就是棋子。弈棋规则即所谓的自然规律，我们的对手隐蔽不见。我们知道他下棋总是合理、公正、有耐心。但输了棋后我们才知道，他从不放过任何误棋，也决不原谅任何无知。

这是赫胥黎的一段话。赫胥黎将人生比作一场漫长的弈棋比赛。因此，译者在翻译时对原文中 the game, the player, his play, to 01.U cost 等词语的处理必须符合这一语义的整体性和连贯性，以“棋”贯穿整个语篇，把“to 01.U cost”等隐含的语义明确地表达出来。

语篇中句子的排列如果违反逻辑就会对句与句之间语义的连贯产生影响。有时候，说话的前提以及发话者、受话者之间的共有知识也会影响到语义的连贯。诗篇的连贯性主要取决于读者的联想和想象。

（三）影响语篇衔接连贯的因素

语篇的含义主要依赖语境。语境是语言活动在一定的时间和空间里所处的境况。人们在语言交际的过程中要想顺利地交流思想和理解话语发出者的信息，必须运用语言所依赖的各种表现为言辞的上下文或不表现为言辞的主客观环境因素。这里的上下文和主客观环境因素就是语境。语境有广义语境与狭义语境之分。广义的语境是指对语言交际产生制约的社会的、自然的、交际者本身的等各种各样的因素，也称为“情境语境”或“超语言学语境”。

狭义的语境是指交际过程中某一话语结构表达某种特定意义时所依赖的各种表现为言辞的上下文，它既包括书面语中的上下文，也包括口语中的前言后语所限定的环境。此处我们主要讨论书面语中的上下文。篇章和语境之间有联系也有区别。语境用以解决具体词语的词义判断，是为了准确；篇章用以承上启下和前后呼应，为的是使不同段落之间语义连贯，观点清楚，叙述协调。在翻译实践中，要充分注意两者的区别并将其统一在操作过程中。

例：One out of five incoming calls is a complaint.However.most customers don't air their complaints for one of two reasons.(下文：They don't know where or whom to complain to.They don't think it will help to complain.)

误译：打进来的 5 个电话中就有 1 个是投诉电话。不过，绝大多数顾客不会因为一两个原因而宣泄他们的不满。

乍看之下，译文似乎没有什么不妥。但如果将这句话放在原语境中，看到括号中紧跟的下文，就会发现译文的不妥之处。后文说的是“他们不知道该到哪里，向谁投诉。他们认为投诉也无济于事”。所以，原文应该译为“打进来的 5 个电话中就有一个是投诉电话。不过，绝大多数的顾客会因为以下两个原因之一而未能发泄其不满”。

从语篇角度来看，英译汉的过程是用汉语重新构建语篇的过程，句子层面之外必须考虑语篇衔接，只是在重构的过程中需要照顾原文的语篇结构，不可超越。原文作者为了一定的修辞目的而采用了一些衔接手段，译者应当体察其意图，在不至于违背其语义信息、修辞特色的前提下，选择符合汉语表达习惯的衔接手段，尽量给汉语读者提供两全其美的译文。

例：A company announced cuts of 8200 jobs—10% of its workforce. What happened？Customers have been canceling orders like mad.

误译：某公司宣布裁员 10% 共 8200 名员工。发生了什么？客户们像疯了一样撤销订单。

此例译文在衔接上不够自然，整句话读起来不够连贯，改成“某公司宣布裁员 10%，共 8200 名员工。这是什么原因呢？这是因为客户纷纷撤销了订单”更好一些。

（四）衔接、连贯的相互关系

在进行英汉段落与篇章翻译时，语篇的“衔接”与“连贯”是必须考虑的两大要素。衔接是一个语义概念，它是存在于语篇中的，并使语篇得以存在的语言成分之间的语义关系。衔接是语言机制的一部分，它的作用在于运用照应、省略、替代、连接（Conjunction）和词汇衔接（Lexical Cohesion）等手段使各个语言成分成为整体。语篇衔接手段主要有语法衔接（Grammatical cohesion）和词汇衔接（Lexical cohesion）。在语篇中，语法手段的使用可以起到连句成篇的作用。语篇衔接手段能使语篇结构紧密，逻辑清晰，更好地实现语义的连贯。

连贯是篇章体现为一个整体而不是一串不相关语句的程度。连贯对于篇章是一个有意义的整体，而非无意义堆砌的一种感觉。衔接是一种篇章特点，连贯是一个读者对于篇章方面的评价。语篇的连贯性应该经受住对语句的语义连接及语用环境的逻辑推理，所以语篇连贯不仅包括语篇内部意义的衔接，还包括语篇与语境的衔接。连贯语篇的基本标准是其意义形成一个整体，并与语境相关联。

衔接是客观的，从理论上讲能够被轻易识别；而连贯是主观的，对篇章中连贯程度的评价将因读者不同而不同。衔接的前提是思维的逻辑性、连贯性，而连贯是交际成功的重要保证。衔接是篇章的外在形式，连贯是篇章的内在逻辑联系。衔接是语篇的有形网络，是语篇表层结构形式之间的语义关系；连贯是语篇的无形网络，是语篇深层的语义或功能连接关系。

第四节 文体层面的翻译技巧

近半个世纪以来，随着科学技术的迅速发展，国际交往日益密切，为了满足交际和交流思想的客观需要，应用性文体大大地发展并丰富了文体学的研究，语言教学方面对此也有所反应。直到 20 世纪 80 年代，随着系统功能语言学的发展，人们才从语言功能的角度把各种传递信息的语篇划归为实用文体。实用文体包含的语篇类型十分广泛，涉及社会生活、经济活动、科学技术、工农业生产、新闻传媒等方方面面，例如商务文体、法律文件、科技文体、新闻报道等。

一、文体与文体学

英语的“style”一词源于拉丁语的“stilus”，本意原指古人在蜡板上写字用的一种用金属或骨头制作的“笔”。随着时间的推移，“style”一词的词义不断扩大，乃至《牛津英语词典》曾在该词下面列出 26 个义项，而人们对其中与语言和语言运用相关的诠释也是众说纷纭，理解不一。有人将

“style”一词理解为“文体”，而文体又有广义和狭义之分：狭义的文体指文学文体；广义的文体则指包括文学文体在内的各种语言变体。还有人将“style”一词理解为“风格”，既可指一个作家运用语言的特色，亦可指某个时代盛行的文风；既可指某种语篇体裁的语言特征，又可指某篇作品的语言格调和表现风格。

研究 style 的这门学问被称作文体学（stylistics），人们对其研究对象和研究目的持有不同的看法。常见的看法主要有以下几种。

（一）“外衣说”

“外衣说”即文体是“思想之外衣”。这种看法古已有之，尤其盛行于 18 世纪的英国。塞缪尔·约翰逊（Samuel Johnson）就说过：“语言是思想的外衣”，查斯特菲尔德（Chesterfield）也说过：“文体是思想之外衣。”自 20 世纪初期以来，芬兰文体学家恩克维斯特（Enkvist）也曾把文体归纳为“围绕已存在的思想或感情内核的一种外壳”；法国文体学家查尔斯·巴利（Charles Bally）和米歇尔·里法特尔（Michel Riffaterre）等人也提出过类似的看法，他们认为文体就是富有表达性或情感性的语言成分，这些语言成分常附加在对信息所作出的中性表达上。

（二）“选择说”

“选择说”认为文体特征体现在对“不同的表达方式的选择”。这是一种非常普遍的看法。有学者认为，在对文体这一概念各种各样的理解中，有一个基本的要素，那就是“选择”。选择什么样的文体风格是受语境制约的。也有学者认为人们在说话或写作时总是有一种进行选择的意向，从语言能提供的种种结构中进行选择，所谓文体风格，就是这种选择的结果。

（三）“表达方式说”

“表达方式说”认为文体是“语言使用的一种方式，它属于言语，而不属于语言”；文体是“以最有效的方式讲恰当的事情”；文体是“写作的一种方式”。语言学家霍凯特（Hockett）也认为，在同一种语言中，如果两段话语（utterances）表达大体上相同的信息，但其语言结构不同，便可把它们看作是不同的文体。

（四）“偏离说”

“偏离说”认为文体是对常规的某种偏离（deviance / deviation），偏离常规可以产生“前景化”（foregrounding）的效果。可以把整个语言的使用情况作为确定常规的标准，也可以从一个作家在同一作品中的某些段落或篇章中概括出某种相对的常规。作品的其他部分若违背这种常规，同样可被视作一种偏离；还可以从同类作品中确定某种相对的常规，借以比较不同作家的文体风格。明显违背语音、词汇、语法、语义及书写形式等方面的常规，可使语言产生质的偏离（qualitative deviation）；语言的某种成分出现的频率超乎寻常，则会构成量的偏离（quantita.1ive deviation）。“偏离说”在西方文体研究领域颇为盛行。

（五）“社会情境制约说”

语言的使用离不开社会情境。交际方式、交际内容和交际双方的关系对语言的使用和语言成分的选择起着重要的制约作用。这就使得语言在其使用中形成不同的功能变体。文体学的任务之一就是描写和分析语言在社会情境中的各种变体。人们常说的“商务文体”“新闻文体”“法律文体”以及“科技文体”等概念，都可被看作语言的各种功能变体。每种变体都有其独特的文体特征。

（六）“行为方式说”

“行为方式说”认为文体实际上是一种个人的行为方式。法国文体学家格兰杰（Granger）认为文体是将“个人”注入其具体劳作中的一种方式。理查德·奥曼（Richard Auman）认为style就是“做某事的一种方式”；就写作而言，文体风格就是写作的一种行为方式。他认为style的概念应该用来指“那些部分是不可变的、部分又是可变的人类行为”，其中，“不可变的行为”指的是按某种规则行事的行为方式；“可变的行为”则指个人可以自由选择的行为方式。

（七）“语言成分排列说”

出生在莫斯科、后来移居美国著名语言学家雅各布森（Roman Jakobson）在讨论语言的诗学功能时曾提出一个著名的论断：“语言的诗学功能将等价原则从选择轴投射到组合轴。”许多文体学家接受了这一观点，重视从语言成分的排列和组合关系角度来描写和分析文学作品（尤其是诗歌）的语言特征。

对什么是文体和文体特征的理解，远不止以上几种。“文体学存在的主要问题就在于style这个词本身。还没有一个关于style的定义被人们广泛接受。关键是人们尚未对现行的种种看法进行认真的分析，进而找出解决办法。其结果是，一个文体学家可能同时对style的含义持两种或多种不同的看法。”导致不同看法的原因是多方面的，学界暂时还难以取得一致的意见。

简而言之，文体学是一门运用现代语言学理论和方法研究文体的学科，如现代语言学理论有不同的流派，兼之不同的人可以出于不同的目的研究文体，有人研究文体是为了探讨语篇的建构模式，有人研究文体是为了更好地揭示语篇所反映的社会观念。有人将文体学分为“普通文体学”（General Stylistics）和“文学文体学”（Literary Stylistics）。前者研究包括文学文体在内的各种文体（含语言变体），后者研究文学文体。有人从功能主义语言学角度研究文体，于是产生了“功能文体学”（Functional Stylistics）流派；有人运用结构主义语言学理论和方法研究文体，于是出现了“形式文体学”（Formal Stylistics）学说；有人利用话语分析、篇章（语篇）语言学和语用学等领域的研究成果探讨文体问题，导致“话语文体学”（Discourse Stylistics）的问世。

二、文体的功能特征

虽然文体门类繁多，文体的正式程度跨度很大，但它的功能特征主要表现为以下几点。

（一）信息性

实用文体的基本功能是荷载人类社会的各种信息：叙事明理、传旨达意、立法布道。

（二）匿名性

实用文体的各类语篇如法律文本、告示、广告语、说明书、旅游指南等，是按一定的（约定俗成的）程式行事，缺乏甚至没有作者或译者个性，而且许多语篇不署作者、译者姓名，这就是实用文体的匿名性。尤其是英语科技文摘，几乎没有作者个性。

研究实用翻译，离不开对实用文体的各语域进行的分析，要分析各种语言习惯，以便确定哪些特征经常地或仅仅应用于某些场合；要尽可能地说明为什么某种文体具有这些特征，而不具备另一些特征；要以语言功能为依据，对这些特征进行分类。

（三）劝导性

实用文体劝导受众去相信什么或不相信什么，劝导人们去认可或否定什么。有时作者力图表述客观，使自己提供的信息可被验证或追本溯源。

三、文体翻译标准

翻译的标准是指导翻译活动的准则和衡量译文质量的尺度。实用文体的翻译主要有以下几个标准。

（一）正确

实用文体的翻译不论全译、选译还是综述，均以正确传达原意为第一要义，特别是在表达空间、时间、位置、价值等概念时更需精确，切忌主观臆断。为此，在理解原文的前提下，须用反映相关概念的术语或专业（行业）常用语来表达。

例：If you Call reduce your price of urea to 1, 200 French francs per ton, we may be able to place an order of l50—l80 metric tons.

译文：如贵方能将尿素报价降至每吨1200法郎，我们可定购150至180吨。

franc不仅仅表示法国法郎，瑞士、比利时、卢森堡等均以法郎为单位。所以原文中的French franc和metric ton应该相应地译为“法国法郎”和“吨”。而且“吨”在不同的度量衡制度中有不同的解释，美制有“长吨”“短吨”之分,1长吨=l 016公千克,1短吨=907.2千克。我国采用公制，

1 吨 =1 000 千克。

例：The function of a derrick is to provide the vertical clearance necessary to the raising and lowering of the drill string into arid out of the hole during the drilling operations.

误译：井架的功用是在钻井操作时将钻柱从井内提出和将它放入井内提供必需的垂直间隙。此句中的 clearance 指钻台平面至天车底平面之间的大距离空间，按一般英汉词典译成“间隙”不妥。the raising and lowering of the drill string into and out of the hole 译为“起、下钻作业”更为精确且简洁。因此，此句应该译为“井架的功用是起、下钻作业时为钻柱提供必要的垂直空间”。

实用语篇，无论书信、合同、报告、标书，甚至论文、新闻报道等都有一定的程式（modality）。程式是与已定内容相关的形式。为了表述某一特定的科技内容，可用的形式有表格、报告、论文、文摘、标准、专利说明书（假如这一内容有首创性）、专著等不同形式，或简或繁，或长或短，或深或浅，皆根据不同的需要，选择不同的程式，文字格式也包含在程式内。有些字句的表达已成俗套，译法也大致固定。

例如：

I（We）claim：/ Having thus described the invention，we claim：请求权项。

What is claimed is：/ The claims defining the invention are as follows：专利权要求范围。

此外，一些标语的译法也大致固定了。例如：

NO PARKING HERE：此处禁止停放车辆

KEEP UP RIGHT / DON’T TURN UPSIDE DOWN：请勿倒置

KEEP AWAY FROM FOOD：勿接近食品

（二）通达

通顺达意是翻译的一般标准。为此，翻译时经常要采用引申、增词、减词、调整词序以及一些变通的手法。一味遵循字面意思直译，难免会使译文生涩难辨，不但没有可读性，还会造成理解上的障碍。

例：Then people in Shanghai found great trouble in getting to their destinations on foot or by cal” and it became a top social problem.

当时，上海行路难、乘车难成为突出的社会问题。

例：The magic spades of archaeology have given US the whole lost world of Egypt.

考古学家用神奇的铁铲把整个古埃及都发掘出来了。

（三）适切

根据实用语篇特定的功能和目的，译文需符合译人语国家的政治语境、文化氛围、方针政策和技术规范。为此，译文有时必须加以调整。例如：

伴随着改革开放的脚步，第 21 幼儿园走过了 13 年的发展历程，经过全体职工的努力，他们连续 7 年被评为朝阳区教育工作和全面工作管理优秀单位：1997 年至 1999 年获市卫生先进单位。

The 2l st Kindergarten has been a success since it was set up l3 years ago.For 7 consecutive years, it has been given various honorary titles by Chaoyang District.From 1 997 to 1 999 it was commended by the municipal government for its hygienic conditions.

此句原文套话多,“优秀单位”“先进单位”之类很难定义，但按照直译，难免臃肿累赘，且容易令英语读者不解，因此译文适当地进行了省译。

此外，由于市场经济的运转速度加快，各行各业都重视时效，时间即金钱已成商场信条。因此，译者要在保证质量的情况下提高翻译速度。没有速度就没有翻译任务，过去慢工出细活的做法已不可行，现在的要求是既要质量好，又要译得快。

四、科技文体的翻译

科技飞速发展、不断进步，涉及的内容和范围也日益广泛，在科技领域，英语的使用尤其普遍，这就要求译者不仅能顺利地将科技英语翻译成准确、流畅、地道的中文，还要将汉语翻译成等效得体的英文。这种在科技领域为达到交流目的进行的语言转换被称为科技翻译，科技文体是普通英语或汉语在科技语境中的变异，以文字语言为主，数字和图表为辅。

（一）科技文体的特点

科技英语由于其内容、使用范围和语篇功能的特殊性，也由于科技工作者长期以来的语言使用习惯，形成了自身的文体特点，这些特点主要表现在词汇、句法以及篇章结构等语言层面上。

时态变化不明显。汉语里的动词无时态变化，动词所发生的时间往往是通过时间状语表示。科技英语倾向于动词的现在时，尤其多用一般现在时来表述科学定义、定理、方程式、公式的解说、图表的说明以及自然现象、过程、常规等。

在语态方面，汉语中主动语态使用较多，而英语中被动语态使用较多。

汉语和英语的科技实用文中，句子结构都较为复杂。由于表述的概念复杂，为使之逻辑严密，结构紧凑，节省篇幅，科技文章中往往出现许多长句。这些句子通常为结构复杂的复合句，有较多的修饰成分、并列成分、各种短语或从句。

在人称的使用上，强调文章内容的客观性。汉语中常使用“笔者”“我们”“本文”，而不是用“我”来充当得出某一结论的主语。英语中则常用“the authors have in vestizated…”“This oaoer illustrates…”等句式。

（二）科技文体的翻译赏析

科技文体的翻译中，要尽量再现以上特点。为了使读者能清楚地了解相关的科技信息，在尽量用词简练明了准确的基础上，句法方面要注重句型扩展、连接手段多样化、多用修饰性的短语，使对客观事物的描述尽可能准确、完整、逻辑严密。

要对科技文体进行确切的翻译，无论是英译汉还是汉译英，首先应厘清句子的层次，判明各层意思之间的语法及逻辑关系，再运用各种翻译表达技巧和专业知识，将各层意思准确地译出。

1. 英译汉例析

例：About Electricity

While the exact nature of electricity is unknown, a great deal is known about what it can do.By the mere closing of a switch, buildings are lighted, wheels are turned, ice is made, food is cooked, distant voices are heard, and countless other tasks—ordinary and extraordinary—are performed.Although a great number of uses for electricity have been discovered and applied, the field is by no means exhausted.Electric machines and devices that have been in use for many years are being improved and are now finding wider fields of application.Extensive research is constantly bringing forth and developing new devices.Much is still to be learned about electricity.

Electricity is a convenient form of energy.It is well known that when fuels such as coal, oil, and gas are burned, energy is released.A waterfall, whether it is manmade or natural, also possesses energy.Yet, to be of value, this energy must be made available at points where it can be used conveniently.Electricity furnishes the most practicable and convenient means yet devised for doing this.The energy of burning fuel or of falling water is changed to a more convenient form—electricity by electric machines.It is transmitted to distant points over electric circuits.It is controlled by other electric machines.At points where it is to be used, it is convened into useful work by still other electric machines and devices.

Since electricity is a form of energy, the study of electricity is the study of energy, its conversions from one form to another, and its transmission from one point to another.The electric machines are energy transmission devices and electric circuits are energy transmission devices.

Although no one knows precisely what electricity is, it has been possible to develop theories about electricity through experiment and by observation of its behavior.As a result, it is now believed that all matter is essentially electrical in nature.

译文：

关于电

尽管对电的确切性质人们还不清楚，但对电能做些什么已了解得很多了。只需合上电闸，房屋便可照亮，轮子便可旋转，冰就可以制出，饭就可以做熟，远处的声音便可听见，还有无数其他工作——平常的和不平常的——都能进行。虽然已经发现了电的大量用途并已付诸实践，但这绝不是尽头。已经应用了许多年的电机和设备还在不断改进，开辟更为广阔的应用领域。通过广泛研究，人们正在不断创造和改进各种新的电器设备。对于电，还有许多问题有待探明。

电是一种方便的能量形式。众所周知，煤、油和天然气之类的燃料燃烧时，会释放出能量。瀑布，无论是人工的还是天然的，也具有能量。但是。要想使能量有价值，就必须使它在使用方便的地方能被用上。电为此提供了到目前为止所发现的最方便可行的手段。借助电机，燃料燃烧或水流下落所产生的能量可转换成更为方便的形式——电。电再通过电路传输到远处，它由另外一些电机来控制。在使用场所，还有另外一些电机和设备把电转化成有用的功。

因为电是能量的一种形式，研究电就是研究能量，研究能量从一种形式到另一种形式的转换，从一个地点到另一个地点的传输。电机是能量转化的设备，电路是能量传输的设备。

尽管没有人精确地知道电是什么，但人们却能够通过实验和对电的表现的观察建立起各种理论。结果，人们现在已认识到，一切物质从本质上讲都是带电的。

解析：本文是典型的科技语篇，首要特征是多被动句，根据英国利兹大学 John Swales 的统计，科技英语中的谓语至少三分之一是被动语态。这是因为科技文章侧重叙事推理，强调客观准确。第一、第二人称使用过多，会给人造成主观臆断的印象。因此尽量使用第三人称叙述，采用被动语态，如“a great deal is known about what it can do, and countless other tasks—ordinary and extraordinary—are performed, energy is released”等，这是因为英语句子以“主语+谓语动词”为形式框架，当主语是受事时一般要将谓语动词变为被动语态，于是就出现了被动句。科技英语用被动句的频率很高。汉语与英语不同，汉语的被动概念常常是语义上的，而不是语法上的。基于英汉在被动概念表达上的差异，英语被动句汉译时常采取下面一些对策：

①译为带有“被、受、由、把、予以、遭、挨”等被动意义词语的句子。

②原主语不变，在用词和结构上进行某些调整，译文是主动结构形式。如“and countless other tasks—ordinary and extraordinary—are performed”，译成“还有无数其他工作——平常的和不平常的——都能进行”。

③译文中另立主语，主语来自原句或原句上下文。如“a great deal is known about what it can do”译成“人们……但对电能做些什么却已了解得很多了”。

④译成无主句。“Although a great number of uses for electricity have been discovered and applied”译成“虽然已经发现了电的大量用途并已付诸实践”。

译文行文流畅达意是对译者的基本要求之一。而要达到这一要求，译文语句间的衔接是关键之一。所谓衔接，即用语法和词汇手段所达到的行文连贯。这里主要谈代词使用对行文连贯的影响。英语中代词使用频率比汉语高，连接词语用得也比汉语多，翻译时应注意英汉的这一区别，顺应汉语的行文习惯。英语使用代词，是一种衔接手段，即用语法和词汇手段所达到的行文连贯。如“Since electricity is a form of energy, the study of electricity is the study of energy, its conversions from one form to another. and its transmission from one point to another”中的两个 its。汉语中的指示代词很少，只要上文已有所交代，省去指示代词，不但所指不会混淆，而且会使行文更为流畅。如译文“因为电是能量的一种形式，研究电就是研究能量，研究能量从一种形式到另一种形式的转换，从一个地点到另一个地点的传输”中省去了“研究能量”。译文行文流畅达意是对译者的基本要求之一，要达到这一要求，正确理解和翻译原文语句间的衔接是关键。

总之，科技文体以客观事物为中心，追求逻辑上的条理清楚和思维上的严谨周密，在翻译时就要注意用词准确，论述逻辑严密，表述客观，行文简洁通畅，忌用修辞手段。只有深入分析、掌握科技英语的文体特征，了解其与普通英语之间的文体差异，才能更好地运用科技英语。

2. 汉译英例析

例：茶

中国人喜欢喝茶，也常常用茶来招待朋友和客人。茶叶是中国人生活中的必需品。茶树原产于中国。中国古人发现茶树后，起初是把茶叶作为药用，后来才当作饮料。早在两千多年前，中国人就有了饮茶的习惯，以后又逐渐学会了培育茶树和制作茶叶的技术。

据近代科学分析研究，饮茶确有清热降火、消食生津、利尿除病、提神醒脑、消除疲劳、恢复体力等功效。实践证明，劳动疲劳之后，尤其是脑力劳动导致困倦的时候，饮浓茶一杯，顿觉精神兴奋。因为茶中含有咖啡因，具有刺激神经、亢进肌肉收缩力、活动肌肉的效能，并且能促进新陈代谢。炎热酷暑，喝一杯茶，便觉凉爽。在盛宴以后，泡饮一杯浓茶，油腻食物很容易消化。这是因为茶中含有芳香油，能溶解脂肪。

此外，茶中含有多种维生素和氨基酸、矿物质等。维生素 C 能抵抗坏血病。维生素 P 可以减少脑淤血的发生。茶鞣质能凝固蛋白质，而且具有杀菌和抑制大肠杆菌、链球菌、肺炎菌活动的作用，因而能治疗细菌性痢疾，对伤寒和霍乱也有一定的疗效。茶叶还有助于增强血管弹性，预防动脉硬化。国内外研究认为，饮茶对治疗慢性肾炎、肝炎和原子辐射都有一定效果。

译文：

Tea

Chinese people like to drink tea.and often entertain friends and guests with it.The tea leaf is necessity in the life of Chinese people.Tea plants originated in China, although the ancient Chinese first used them for medicinal purposes before developing tea as a drink some 2 000 years ago. Later, they gradually learnt to grow tea plants and use the leaves to make various types of tea.

Modern scientific research shows that tea helps dissipate internal heat and ameliorate digestion, micturition and secretion of saliva.It refreshes one, helps him regain physical energy and relieve him of fatigue.Facts demonstrate the promptexhilarating effect of a cup of hot tea after physical or mental labor.A cup of hot tea can even cool him down on a hot summer day.With its caffeine content, tea also stimulates the nerves and muscles and promotes metabolism.Besides, strong tea works well after a rich meal due to the fat dissolving effect of its aromatic oil composition.Tea also contains amino acids, minerals, and vitamins C and P that are against scurvy and cerebral haemorrhage respectively.The tannin in tea acts on protein and inhibits the growth of colon bacillus, streptococcus and pneumonia bacteria. It therefore has positive effect on bacillary dysentery and even typhoid fever and cholera.Tea promotes the resilience of blood vessels and so counters arteriosclerosis.Tea as a beverage is considered by researchers all over the world to ameliorate chronic nephritis, hepatitis and atomic radiation.

解析：这段介绍茶的科技语篇中，出现大量相关术语，如维生素、氨基酸、矿物质、坏血病等，译者除了将其译成相应的英文科技术语外，还采用一般现在时态对茶的功能进行描述，强调了信息的客观性。“The tannin in tea acts on protein and inhibits the growth of colon bacillus, streptococcus and pneumonia bacteria… it therefore has a positive effect on bacillary dysentery and even typhoid fever and cholera.Tea promotes…”

译文文字简练、客观、准确，充分传达了原文信息。

五、旅游文体的翻译

（一）旅游文本的语篇功能

旅游文本是指以正式或非正式形式出版的旅游手册、旅游指南等书面语篇，主要是对旅游景点、旅游资源、服务设施等情况的介绍。和其他语篇一样，旅游文本类语篇具有多功能性，主要有：

1. 信息功能

信息功能是语篇的基本功能，旅游文本的信息功能主要是为旅游者提供丰富的旅游咨询，其中包括位置、路线、设施、费用等实用信息，以及文化、历史等人文信息。

2. 描写功能

如果一篇旅游介绍文章只是简单地提供景点的位置、乘车路线等信息，是很难勾起读者的参观欲望的。因而，旅游语篇必须具有生动具体的描写功能，即传达外表雨态貌等形象信息的功能。旅游文本的信息功能和描写功能在语篇中表现明显，读者很容易找到其所需的信息，感受到人文和自然之美。

3. 指示功能

旅游文本类语篇的最终目的是通过对旅游景点和景区的细致描写，增强文章的感染力，给读者提供丰富的信息，带来美的享受并使其产生一睹为快的欲望。因此，旅游文本首要的、起主导作用的是指示功能：语篇发出指令或诱导性信息，刺激旅游者的参观欲望，其他功能都服务于此。旅游文本的指示功能贯穿于整个语篇，隐含在语篇之中，是语篇的内在功能。

综上所述，旅游语篇同时具有指示功能、信息功能和描写功能：指示功能为主功能，体现在整个篇章中，其他两种功能为辅助功能，只体现在语篇局部。指示功能属于语篇的内在功能，信息功能和描写功能属于语篇的外在功能。也就是说，内在指示功能是通过外在的信息功能和描写功能来实现的，信息的设置和描写的详略正是为语篇内指示功能服务的。

（二）旅游文本的翻译赏析

在进行旅游资料的翻译时，应充分考虑英汉旅游语篇的上述功能及其不同特点，遵循以下原则。

1. 以译入语读者为中心，实现指示功能的充分“对等”

翻译中应使源语中的指示功能充分表现在译文里，译文的好坏应以是否在译人语读者身上产生的同样的效果和反应为准绳。

2. 信息功能转换时应以译入语读者的需要为根本

中国学者杨敏在对大量英汉旅游篇章进行跨文化对比分析后指出：“英美旅游篇章重在景点地理环境、服务设施、优势与不足诸方面的纯信息传递，而风光景色的描述性篇幅不多，而我国的旅游语篇往往更加突出旅游资源的社会身份特征，如社会影响、历史沿革、发展业绩，更突出旅游资源的风光景色和人文特色，甚至占用很大篇幅来引用史书和文学作品及诗歌对于景点的颂扬和描述。”在进行旅游资料的翻译时，应灵活处理所涉及的文化信息，进行必要的增删或改译。

3. 采用译入语的描写方式和方法

在描写功能转换中关注译人语读者的审美情趣，采用译人语的描写方式和手法。

例：杭州——“人间天堂”

意大利著名旅行家马可·波罗曾这样叙述他印象中的杭州：“这是世界上最美妙迷人的城市，它使人觉得自己是在天堂。”在中国，也流传着这样的话：“上有天堂，下有苏杭。”杭州的名气主要在于风景如画的西湖。西湖一年四季都美不胜收，宋代著名诗人苏东坡用“淡妆浓抹总相宜”的诗句来赞誉西湖。在杭州，您可以饱览西湖的秀色，也不妨漫步街头闹市，品尝一下杭州的名菜名点，还可购上几样名土特产。

苏堤和白堤把西湖一分为二，仿佛两条绿色的缎带，飘逸于碧波之上。湖中心有三个小岛：阮公墩、湖心亭和小瀛洲。湖水泛着涟漪，四周山林茂密，点缀着楼台亭阁，是我国最有名的旅游景点之一。

杭州人观看西湖有个说法："晴湖不如雨湖，雨湖不如夜湖。"您在杭州，一定要去领略一下西湖的风韵，看看此说是否有道理。

杭州是中国著名的六大古都之一，已有两千多年的历史。杭州不仅以自然美景闻名于世，还有着传统文化的魅力。不仅有历代文人墨客的题咏，还有美味佳肴和漂亮的工艺品。

一般来说，游览西湖及其周围景点花上两天时间较为合适。到杭州旅游，既令人愉快，又能得到文化享受。

第五章　高校英语翻译的教学模式与差异

第一节　国内外高校英语翻译教学模式概述

一、国外高校翻译教学模式

（一）英国

英国本科阶段开设翻译专业的大学不多，大约只占 1/3。研究生层面的翻译教学比重偏大，教学培养模式呈多元化趋势，而且不同类型的翻译教学由于培养目标和培养方式的差异，在课程设置和师资配置上不太一样。纵观近几十年翻译教学的发展，英国的翻译教学可粗略地划分为下面四种培养模式。

1. 以会议翻译（口译）培训为主的职业培训

培养模式是各大学举办的翻译培训班，学习结束后发翻译证书或翻译文凭。这类学校继承了法国巴黎高等翻译学校的培训模式，培养对象以口译或会议翻译人才为主。这类教学积极应用达尼卡·塞莱斯柯维奇的释疑理论，将翻译视为交际行为而不是交际结果，注重翻译中译员的心理过程。此外，译者被看成画家而不是摄影师，译者必须传译的是原作的思想而不是词句和语言结构。也就是说，翻译的单位是篇章，是话语，而不是词或句子。这类学校注重技能训练，强调训练程序与方法。教学中重视培训译员听译篇章、分析内容，利用形象化等手段记忆信息内容，归类、听懂并记住数字，复活大脑的被动记忆，并学会一边听，一边译，使语言表达清楚准确。教授翻译的人员大多是职业会议译员或译者，同时懂得教学法。他们要求学生的第一外语或第二外语达到理解无特殊困难，母语表达准确、贴切、娴熟的程度，其智力和分析综合能力及文化修养应达到较高水平。课程设置除了即席翻译和同声传译外，还讲授经济、法律、语言学、翻译理论等课程。为保证学生熟悉未来职业，学校常邀请一线的口笔译工作者来校讲学以保证学生与该行业职业者接触，并常在毕业前安排学员赴校外相关机构或国际组织进行实习。

2. 以德国翻译教育家 W. 威尔斯的语言学理论模式为基础的教学方法

这种模式主张将专业知识的翻译视为应用语言学的范畴。在四年的翻译教育中将语言的学习与翻译技巧的训练结合起来，以培养复合型翻译人才。其培养模式以赫瑞 - 奥特瓦特大学语言学院苏格兰口笔译研究中心为代表。其培养目标、课程设置和教学方法充分体现由翻译语言行为的理论思想与特点，口笔译研究的培养目标是使语言学的毕业生掌握宽泛的口笔译特殊技能，以适应多种职业的要求。其博士学位的主要研究方向是口笔译研究、话语语言学和交际学。口笔译研究中心开设的主要课程有对比语言学，翻译理论，准备和现场翻译，笔译研究，会议与联络翻译，改写、编辑、摘要与校对，科技与翻译，双语社会与文化研究等。然而，口笔译研究中心的教学内容并不严格地局限于狭隘的翻译，除了语言教学、应用语言研究之外，还要求学生学习社会、文化、政治和经济方面的知识。口笔译专业的研究方向也十分广泛，如技术翻译、机器翻译、文学翻译、媒体翻译、会议翻译、联络翻译和翻译理论等。

3. 功能主义理论的培训模式

以弗米尔为代表的翻译功能学派主张考虑译者的翻译环境，不能将翻译局限于语言学或文学的狭隘层面。译者应在跨文化的交际中发挥相应的功能。采用此理论的教学机构在翻译领域或语言学领域的学术实力较强，往往采用学院式培养模式培养专家学者型的翻译研究人才。沃里克大学英语与比较文化研究中心是这类培养模式的代表。沃里克大学始建于20世纪60年代中期，该校的英语与比较文化研究中心始建于1977年，如今已是英国最大的翻译研究与教学基地，能够授予翻译研究的学生学士、硕士和博士学位。从中心的名称可以看出，该校的翻译教学与文化的研究紧密联系在一起，教师都是翻译家，其研究兴趣几乎涵盖了文学和文化的各个方面：翻译理论与实践、翻译史、后现代主义批评、马克思主义批评、美国文学、文艺复兴时期的诗歌、英国黑人文学与文化、妇女文学、加勒比海地区研究、后殖民主义文学、爱尔兰研究、英伦三岛比较文学等。课程设置包括核心必修课、选修课和论文写作。翻译研究生的核心必修课包括“翻译与接受研究”和“翻译理论史”。前者将翻译视为“文学变化与发展的塑造力量”，分析考察“不同文化之间文本的传播过程”，考察翻译在文学系统中引进新观念、新形式、新类型的方式，并且考察不同文化的读者接受文本的方式；后者旨在考察翻译理论的起源、翻译态度的变化，以及翻译评价标准的变化和翻译实践模式的变化。翻译研究的选修课程极其广泛，主要有以下几门：诗歌与翻译、戏剧翻译、翻译与性别、翻译与后殖民主义、学习方法论与研究技巧等。学生通常要求具有相关领域的知识与经历，并具有相应的学位。可以看出，沃里克大学主要采用学院式的培养模式，培养学术型的翻译人才。翻译类型侧重于笔译，特别是人文和社会科学的翻译，自始至终强调翻译的文化功能、社会影响与接受文化的态度及其作用。

4. 计算机辅助教学模式

计算机辅助教学已经在越来越多的学科和课程中得到应用，尤其是计算机智能辅助外语教学，从理论到实践都有令人兴奋的效果，这里以曼彻斯特大学理工学院为典型来研究其教学特点。该校的翻译教学设在语言工程系，是现代高科技、计算机、语言教学、翻译等学科的综合性教学。该系不仅授予翻译研究的科学学士、硕士、博士学位，而且授予机器翻译的硕士学位。曼彻斯特大学理工学院的语言工程系与其他大学的语言学系或现代语言系的区别在于，该校不仅重视学生的语言技巧、翻译能力，而且强调语言知识的作用，强调对不同语言的学习与训练，掌握语言学习的规律。他们认为，纯粹的语言能力在漫长而多变的市场需求和个人的工作经历中很难使学生永远立于不败之地，学生只有牢固地掌握语言学习的规律、方法与使用技巧，才能更好地迎接挑战。以该系开设的术语学课程为例，学生要求掌握术语学的理论框架，利用计算机对术语语料进行分析研究，建立概念结构，认识不同使用者对术语的不同要求，以及术语对信息处理系统的重大作用。所以，该系毕业生深受市场欢迎，许多人成为术语学的专家、词汇学专家、词典编纂者和文献学专家。该系有关翻译的课程十分丰富，而且富有特色：翻译语言学、翻译方法论、译者信息技术、口译研究、机器翻译、机器翻译评估、计算机辅助翻译、翻译理论、理论语言学、形式语义学、计算词汇学、语料语言学、术语学、言语与语言处理、人工智能以及自然语言处理等。值得一提的是，该系是英国最大的计算机辅助语言学习基地，研究领域涵盖语言学习、语言学和计算机语言学等纯理论研究和应用研究，主要研究课题包括语言工程、理论语言学和翻译研究。

（二）法国

在法国的文化生活中，翻译有着举足轻重的地位。随着社会的发展与国际交流的日益频繁，翻译将占有越来越重要的地位。在法国，直接或间接从事各种翻译的人员也越来越多。培养译员是一项重要任务，法国在翻译人才培养方面积累了相当多经验，翻译教学比较受重视。法国的翻译教学可以分为职业翻译培训、与其他专业方向配合的翻译教学和以教授语言为主要目的的翻译教学。按照心理教学法理论，"教学目的、目标、方法和手段不能从一个专业照搬到另一个专业，而应该对其进行思考，以使其适应当前教育遇到的新形势"。培养目标不同，教学内容、方法和手段必然各异。

1. 以职业培训为目标的翻译教学

（1）巴黎高等翻译学校

该校专门为联合国教科文组织等国际机构培养国际会议译员和笔译人才，学生来自全球的各个国家，涉及 40 多种语言。该校招收对象为文、理、法、社会学各科大学毕业生，新生没有数量限制，但入学考试十分严格，除了翻译需要的相关能力考查外，还对其未来将适用的工作语言水平要求很高。学校下设三个系：口译系、笔译系和研究生系。口译系学制两年，第一年学习即席翻译，第二年学习同声传译，同时开设经济、法律、语言学、翻译理论、术语学等课程，每周总课时大约 24 小时。笔译系学制一般为三年，第一年开设基础翻译课，第二年开设经济翻译课，第三年开设科技翻译课，同时开设口译系翻译除外的其他课程。两个系还同时开设母语及外语进修课。两年或三年学业期满，考试及格或论文获得通过者分别发给"会议口译人员高等专家毕业文凭"和"笔译人员高等专家毕业文凭"。

学生毕业后，大部分投考各国际机构的翻译部门；也有一部分毕业生为了工作自由不投考国际机构而分别向各国有关机构申请自由译员的工作执照。70多年来，该校为联合国、欧盟以及西方各国的外事部门培养了一批又一批高级翻译人员。巴黎高等翻译学校以塞莱斯科维奇的翻译理论为翻译教学的理论基础，该派理论运用语言学、逻辑学、心理学的成就来阐释翻译的理解和表达过程。其核心思想正是对穆南、贝尔尼埃和阿尔比的语言学译论的继承。这一核心思想是指翻译的主要目的是译意，而不是源语的语言外壳，提倡在翻译中进行“文化转换”。翻译理论提出的翻译程序是理解、脱离源语语言外壳和重新表达。不可否认，这一翻译理论体系在培养高级口译人才方面是十分有效的，巴黎高等翻译学校的一个重要特色，就是极为重视翻译教学理论的研究，推出了一系列翻译教学研究专著。在翻译教学理论研究方面，针对翻译教学的性质、特点、目标、方法，进行了较为系统的探索，提出了许多富有启迪意义的观点，总结了可以借鉴的经验。比较有代表性的成果有杜里厄的《科技翻译教学法基础》、拉沃的《翻译在语言教学法中的作用》、巴拉尔的《翻译——从理论到教学》《大学中的翻译——翻译教学研究与建议》、勒菲阿尔的《笔译推理教学法》等。

（2）雷纳第二大学

该校颁发多语种多媒体交际工程学职业文凭。用10年左右时间发展起来的“语言和技术”专业，主要为翻译机构或公司培养英、法、德笔译人员。这所学校的培养模式同布鲁塞尔玛丽·阿普斯自由学院接近，但不培养口译人员。学生毕业后以担任翻译、审校、译审、项目负责人等为主。该校的特点是把翻译教学同计算机的使用和专业术语研究及企业需求紧密结合。例如，该校于2004年8月出版了《奥林匹克英法实用词典》。该专业指导教师出版了十几部翻译理论研究专著，研究成果丰硕。雷纳第二大学教授瓜岱克在他撰写的《描述翻译和概要翻译》中根据职业翻译特点和程序提出了渐进式的翻译教学模式。描述翻译旨在寻找文件的所有重要线索，说明理解阐释文本的环境和条件，找出关键词并翻译，说明主题或主要议题；概要翻译在于使用与文件语言不同的语言提供简要明快的主要内容和情况。按照瓜岱克的说法，描述和概要翻译是所有翻译不可或缺的基本能力，是职业翻译的最佳模式。从教学法角度讲，这是尊重学生学习进度的理智方法，可以帮助理解要翻译的文件，建立合理的术语库。译者通过资料查询进行跨文化、跨语言实践和审校实践。该校翻译专业确定的培养目标是：毕业后能在翻译公司或类似机构承担职业翻译、译稿审校、专业术语研究、信息管理、项目管理等工作。该校“多语言多媒体交际工程学”，把翻译培训同广泛意义上的交际和信息传输结合起来，把翻译训练同术语研究结合在一起。换句话说，每一专业翻译训练结束后，学生都要将该领域术语输入计算机进行处理，以供有关企业和个人使用，或编辑成字典出版。随着互联网的广泛应用，不少大公司希望随时从全球各地的网站了解行业信息，因此对翻译有了新的需求，他们通常不是让翻译公司完整翻译网上的内容，而是要求译者采用“描述”或“概要”的形式对原文进行适当的压缩和摘编，即编译、摘译或译述等，然后视信息情况决定是否需要翻译全文。这也是“描述”和“概要”翻译训练进入培训内容的原因之一。

2. 专业翻译研究与翻译培训

(1)里昂第二大学

该校的语言学和应用语言学专业将语言学同术语研究紧密结合，术语研究重点是医学(以医药学为主)和环保专业。硕士生在学习相关专业的同时在导师指导下从事以法英、法阿、法德为主的双语术语翻译研究。该校与国家科研中心合作，和下属的20多所研究教学单位在以上两个领域的术语研究成果在国内外都享有盛誉。毕业生可以直接进入相关领域从事教学、翻译或其他工作。里昂第二大学为语言学系或商务及法律系的研究生开设了专业口笔译课程。其授课方法为职业翻译培训，强调翻译思维能力的训练和方法论的应用。

（2）卡昂大学

该校开设法律、人文、语言、自然科学等专业，颁发硕士和博士文凭。人文科学下设的跨学科人文科学研究中心培养硕士和博士生。课程以心理语言学、生理学、口译心理和认知科学为主，最具特点的是从跨学科角度研究语言、认知和非语言因素对儿童语言发展和交际的影响，近几年对会议口译程序的认知和心理语言学研究取得了初步成果，在翻译界和心理语言学界产生了一定的影响。

3. 教学翻译——语言教学的一种手段

法国另一些学校也开设翻译课程，但其目标并非培养职业翻译人员。参加培训的学员毕业后可从事职业笔译，也可从事与翻译没有直接关系的工作，里昂第二大学的外语语言应用专业、拉罗歇尔大学亚洲商务专业、蒙彼利埃第三大学外语语言应用专业、里昂第三大学外语语言应用专业、埃克斯-昂-普罗旺斯语言学及外语语言应用专业、东方语言学院语言和文化专业等均属于这种情况。翻译在语言教学中只是一种教学手段，目的是帮助学生理解原文的语法、词法等，逐渐用准确的外语表达思想。随着翻译学研究的不断深入，语言教学更多地引进交际法，课堂上出现了模拟交际场景，原来的单词翻译扩展到句子，句子翻译扩展到连贯的短文翻译，而且教师也在翻译前提供与交际场景相关的信息，更多地注意翻译过程，改善教学环境，学生在交际中学习和掌握外语的速度逐渐加快。

（三）德国

德国有着良好的翻译理论传统，德国功能学派的研究对后续的理论研究，以及翻译教学都有深远的影响。

1. 基于现实生活的文本翻译的翻译教学模式

与英国相比，德国大学一直注重翻译专业人才的培养，并认为每个人都应该享受大学层面的教育。这种专业的教育使得学生要在学校里花很长时间。例如，一个想要接受培训后成为教师的学生要在学校里花上四年半的时间，这还要看学校类型以及学生走完整套教学体系所花的时间，实习教师要在学校里实习两年，才能成为合格的教师。然而，大学所提供的这种学术训练并不见得是为将来的专业需要所设计的。英语教授实际上是英国文学教授，而文学作品的选择也是因教授的个人研究喜好而定的，并没有考虑课程要求。一般认为，学生的语言能力在入学前就已经获得。在这种情况下，学生语言技能的提高或被视为蹩脚文人，或是无用的装饰。1981 年做的一项有关语言课程的调查显示，课程大概有 1/3 都是在进行翻译——译出或译入，而学生的语言能力并没有得到提升。目前考试通常采用改写与翻译的方法，考试用的文章可能是从某一文学作品中抽取的。整个考试不允许用字典。改写是考查学生运用外语的能力；翻译是考查学生对外语的理解力和改写成母语文章的能力。但这种考试并不能考查翻译能力。

随着经济全球化的进一步发展，国际的交流与合作不断加强，德国的翻译教学也开始与之前的翻译模式——纯文学翻译的外语教学分离，转为基于现实需要的文本翻译的教学模式。这种翻译教学模式并不是要培养专业的翻译者或口译者，而是为了使所有专业语言研究人员能够具有处理日常的或非正式的翻译的能力，并能够监督公共的或正式的文本翻译的质量。对于在训练时翻译文本的选择，也应是那些在真实生活中可以或应该被翻译的文本，比如某个特殊的客户所需要的，某个特殊目的所需要的，或是要对某个特殊观众所说的文本，这样一来，学生就可以处理真实的翻译任务了。

在翻译课上，教师可以和学生共同探讨所选择的文本，以及其被翻译的必要性、它的可能读者、为适应目标读者需要译者要对该文本做哪些调整等。任务可以由小组成员合作完成。那些在翻译中可能遇到的问题，比如数字、数据的处理，特定时间，人名、地名，文章修改，文化内容等都可以加到翻译教学中。德国的杜伊斯堡大学也采用了这种基于现实生活的文本翻译的翻译教学模式。这里的学生只有外语专业水平达到一定高度才可以开始翻译工作。第一学期是翻译基础课程，学习翻译的各个方面，比如对不同词汇项的翻译，如何合理使用字典和其他材料资源，对文化因素的翻译，如何调整文本以适应特定读者、语域分析、文本类型、相同文本的不同翻译等。之后的两个学期要学习德译英和英译德。最后一学期是选修课程——学生翻译工作组。这个课程的教师一般都是目的语的本族语者。学生可以在翻译过程中发现很多专业翻译所遇到的问题，并且可以学习如何使用参考资料以及如何加快翻译速度等。基于现实生活的文本翻译的教学模式也是值得我国大学英语翻译教学学习的。文学翻译对于大学外语系的学生来说难度较大，并且对于未来职业需求意义不大。在我国进行大学英语翻译教学时，可以根据学生所学专业和未来职业需求设计翻译教材，翻译的文本可以是科技、商务、旅游和法律等内容。

2. 基于培养文学翻译的翻译学院——杜塞尔多夫大学

以上提到的基于现实生活的文本翻译的翻译教学模式是为了培养更多

的具备一定翻译素养的专业人才。在德国，由于所处地理位置、地缘政治和历史等原因，德语和德国民族文学的形成与发展在很大程度上得益于外国文学的翻译，因此文学翻译也占有一定的市场。德语文学史上的许多著名诗人、作家，从歌德、席勒到霍夫曼斯塔尔、里尔克、格奥尔格，到第二次世界大战后的埃里希 - 弗里德、伯尔、汉特克和恩岑斯贝格尔，都曾翻译过外国文学作品，为外国文学在德语区的传播做出了贡献。按翻译作品数量计算，德国远远超过英、法等国，但是翻译作品的质量不尽如人意。受传统观念影响，译事不为学界看重，译者的社会地位较低，报酬也偏低，多数情况下不能靠翻译稿酬维持生计。

在正规的高等教育中没有设置专门培养文学翻译人才的专业，对外国文学作品的书评也很少涉及翻译本身的问题。针对上述情况，杜塞尔多夫大学文学院以法国文学专家尼斯教授为首，会聚了一批对跨国界、跨文化的语言与文学交流及翻译理论感兴趣的教师，深感有必要成立一个新的专业，制订完备的教学计划，更科学、系统地培养文学翻译人才。他们认为，面对不断扩大的职业需求，传统的、通过自学摸索的方式造就文学翻译人才的办法，无论对译者、出版社还是读者都是事倍功半，不能再继续下去了，这一重要的跨文化传播工作的职业化已刻不容缓。杜塞尔多夫大学文学翻译专业教学计划规定，学制(包括毕业考试)为 4 年 3 个月，达到毕业要求须完成的课时为 160 个学期周课时(修读 1 门 1 学期、每周 2 课时的课程可获 2 个学期周课时)。其中必修课和限制性选修课计 148 个学期周课时，与其他文科专业相比，任选课比例稍低一些。完成教学要求、通过毕业考试者获“硕士翻译”学位。可供选择的外语为英、法、西、意，因为这四种语言的译本占全部翻译作品的 4/5。学生须从这四种外语中选择一门主修专业方向和一门辅修专业方向（英、法两种语言中必选一门），另外还必须辅修德语（目的语），作为第二门辅修专业方向。主修外语占总课时的一半，共 80 个学期周课时，两个辅修语种各占 40 个学期周课时。这就是说，学生至少须掌握两门外语，能翻译两种语言的文学作品。文学翻译专业十分注重理论与实践的结合。教学计划规定，每个专业方向（包括主修和辅修）的教学都包括理论性课程与实践性课程两方面。以主修专业方向为例，学术性、理论性课程必须修满 36 个学期周课时（必修课），其中语言学和文学各占 16 课时，具体课程有语言学导论、语言史、20 世纪语言、词汇学、语义学、句法、语言变体、文学导论、文学史、20 世纪文学、语篇分析基础、文学的接受、类别文学专题等，翻译比较占 4 课时。语言与翻译实践课、必修课、限选课共需修满 32 课时，具体课程有语法对比、词汇对比、成语对比和大量的文学翻译实践课，以外译德为主。这里，文学的概念比较宽泛，既包括严肃文学和消遣文学，又包括讲究文笔的人文科学文章。在翻译实践课中，学生要练习翻译各种文学门类和体裁的文章，如散文、小说、随笔、韵文、戏剧、舞台剧、广播剧、影视作品以及论说文等。到高年级时，每个学生都需选择一个重点领域，深化提高。另外还有跨语种的、以翻译学中普遍的共同问题为内容的课程（占 8 课时），如翻译导论、翻译理论、翻译史和翻译工作者职业概貌。要特别指出的是，该专业在传授理论知识中，力求避免为理论而理论的经验式教学，注重从实践中总结出来，又能反过来指导翻译实践和翻译批评的理论。正像负责文学翻译工作的院长代表尼斯教授强调指出的那样："大学学习不能代替实践，但我们力求给学生贴近实际的理论，传授技能和背景知识。"培养学生的独立工作能力，提高他们在劳动市场上的竞争力，使他们尽快适应毕业后的职业工作，把所学理论知识应用到实践中去，是该专业办学的指导思想之一。

二、我国高校外语翻译教学的常用模式

当前我国高校外语教学中对翻译方面的教学还缺乏足够的重视，因此缺乏对非英语专业的大学生进行翻译教学的有效模式的研究。但随着新型教学模式的不断出现，传统的翻译教学模式显然已经不再适应翻译教学发展的需求。因此，在新的社会发展和新的教学模式的指引下，笔者认为翻译教学可以采用以多种教学模式。

（一）任务型翻译教学模式

李琳认为，高校外语翻译教学应该建立“任务型翻译教学模式”，该教学模式融合了翻译教学和任务型教学的有关理论知识，强调以各种不同的翻译教学任务为中心，以学生为活动中心，既有助于强化学生的中心地位，又可以增强学生的团队合作精神。一般来说，该教学模式的教学可以分为三个步骤：第一步为规划和确定翻译教学内容及活动；第二步为对翻译教学内容的开展、教学活动的执行以及后续活动的计划；第三步为结合相关的翻译理论和技巧，总结分析前面翻译活动中学生翻译的得与失。

（二）建构主义翻译教学模式

基于认知发展和心理学有关理论的建构主义能够清晰解释人类认知发展的有关规律，也就能够解释人类学习者怎样利用已有的经验、心理等知识来构建所需的知识结构，因此，理论上来说，结构主义的有关知识可以用来指导高校外语翻译教学。在这一理论指导下，大学生具有比较成熟的思维体系，可以利用他们已有的知识进行有关知识的建构，形成属于自己

的特有的认知及知识图式，从而为后续学习和练习中新知识与已有图式的完美结合奠定基础。这一教学模式仍然坚持学生在学习中的中心地位，其教学重点在于解释重点句型，分析翻译中的语法、词汇使用、篇章结构等方面的错误以及具体操练等。

（三）合作学习翻译教学模式

高校外语翻译教学也可以将该方法加以利用，在使用这一方法过程中，教师需要依据该方法的要求对学生进行分组，而学生也需要根据教师的要求认真完成自己的任务。在高校外语翻译教学中使用这一方法，不仅需要师生之间及学生之间的合作，还需要学生综合利用各种方法、途径及资源来对小组成员的翻译作品进行品评，找出错误、分析错误、改正错误，合理有效地反馈，最后由被修改对象进行修改。

第二节　以学生为中心的英语翻译教学

一、“以学生为中心”的教学概念

“以学生为中心”的教学是由于教师仅作为知识的传授者和指导者的角色已远不能满足教学的需求，因此教师应通过多种途径突出学生的中心地位，形成课堂上的新型师生关系。这种教学模式认为翻译是对两种语言的创造性运用，因此翻译活动应涵盖在交际框架的语言活动、文化活动、心理活动等内容。这种教学模式重视英语翻译教育的发展趋势，特别重视翻译教学环境和以学生作为教学主体这两个因素。由于翻译教学环境趋向于提倡建立一种交际性的课堂教学形式，也就是要努力创建一种能培养学生独立开展创造性语言转换以及语言交际的环境，因此也就应该特别重视社会背景和文化迁移在翻译教学中的作用，此外，这种教学模式认为：教师不应再被认为是翻译操练中的带头人、翻译材料的介绍人或译文好坏的评判者，而应在翻译教学过程中，明确学生才是积极的创造者，而不是消极的接受者；要重视学生的不同个性、学习风格、学习策略以及在学习过程和学习内容上的智力因素。总而言之，以学生为中心的翻译教学就是要充分重视学生在学习过程中的积极作用，充分调动学生学习的积极性和自信心，要尽量让学生自己控制学习内容和方法，鼓励学生参与到教学活动的各个环节中来，鼓励学生更多地对自己的学习负责。

二、"以学生为中心"教学的特点

"在实际应用中就是真正做到以学生为本，鼓励学生开展自我评价、认识自己；在实际教学活动中，教师的作用就是将各种教学资源呈现在学生面前，学生自己进行选择，创造和谐的心理氛围，帮助学生掌握学习方法；主要就是帮助学生学会学习，做到自我实现。"教学中要以学生为中心，教师只是学习的促进者、协作者或说话伙伴、朋友，学生才是学习的关键，学习的过程就是学习的目的。

（一）教师引导，学生为主体

"以学生为中心"的教学模式则要求实现教师角色的转移，也就是要将教师角色由主演转变为导演，从而更好地引导、辅助学生学习翻译，而将学生转变为主演，将翻译知识掌握并付诸实践。

（二）教师和学生融洽合作

教学突出实践"与传统翻译教学模式'以教师为中心'不同，'以学生为中心’的翻译教学模式强调翻译教学过程中学生的主体性。认知理论认为，教学不是知识的‘传递’，而是学生积极主动的‘获得’”。在“以学生为中心”的翻译教学模式中，教师与学生应形成积极的合作关系，也就是说，双方应扮演翻译教学中的合作者角色。实行“以学生为中心”的教学模式并不代表教师失去权威性，而是仍要以教师作为课堂活动的引导者，采用多种途径突出学生的中心地位。“以学生为中心”的翻译教学模式，首先便是让学生在“译”中学习技能。同时，翻译是一门理论与实践相结合的课程，王鸣妹在其论文《如何改进英语翻译教学》中提出了“好的理论以实践中获得的材料为依据，好的实践又以严谨推断出来的理论为……”的观点。他认为学生在学习英语翻译的过程中要以理论为基础指导，通过大量的实践练习和与参考译文对比来更好地掌握所学的翻译技巧，从而进一步提高翻译能力。正如黄青云在其论文《翻译观念与教学模式也应“与时俱进”》中所说的一样：“新的现代教学理念认为，在翻译课上，是先鼓励学生去译，在‘译’中学习。也正是因为学生在译的过程中，需综合运用原有的知识经验，查阅工具书以及其他相关资料，所以，学生可以从新的角度去思考和考虑已学过的内容，并能有时间去理解这些理论和翻译技巧或方法，最终达到掌握相应知识和积累经验的目的。”

例：But I was also struck by something else：that among all those decades’ worth of family documents my parents had looked through.the delivery hill war the only thing they thought of sufficient interest to pass along.

译：几十年来，我们家积累下那么多的单据，仔细看过之后，我父母唯一有保存意义的就是那张接生费用账单。

在刚开始翻译时，大多数的学生会将 document 译作“文件、资料、票据”等，但经过认真查阅词典才发现，document 在英语里的意思是 a writing that conveys information. 结合这里的语境分析，准确的翻译应为“单据”。

（三）共同参与评价

“以学生为中心”的教学方式要求改变传统的以教师为主体的评价方式，并要实现评价主体多元化，组织学生间、师生间的自评和互评相结合的多层面评价。至于如何将评价权利充分赋予学生，则应通过以下几个步骤来实现：(1)教师应先将学生分成若干个小组；(2)完成一种翻译方法或技巧详解和示例后，教师应给学生布置课前选定的相应翻译练习；(3)学生完成练习之后，可以考虑进行小组讨论进而评选出能够获得小组成员共同认可的好译文；(4)教师检查完各小组译文之后，应对其分别加以评价，并指出这些译文中的翻译较好的部分和不妥之处；(5)最后教师还应为学生提供参考译文，并鼓励学生指出其中可能存在的不足之处，进而实现师生共同探讨某种译法的效果。

例如：Rocket research has confirmed a strange fact which had already been suspected there is a high temperature belt in the atmosphere, with its center roughly thirty miles above the ground.

教师应给出“通过火箭研究已经证实了人们早就怀疑的大气层中有一个中心在距地面约 30 英里的高空的‘高温带’的这种奇怪的事实”的参考译文。学生可以根据英汉长句转换原则，将英语的“树状形”结构转换成汉语的“波浪形”结构，也就是将英语长句译成汉语的若干短句的方法，认为参考译文翻译得比较拗口，通过探讨，可以得出较好的译文。例如：

(1)利用火箭研究，人们证实了早就怀疑的一个奇怪事实，即大气层中有一个“高温带”，其中心在距离地面约30英里的高空。(2)人们早就怀疑，大气层中有一个“高温带”，其中心在距离地面约30英里的高空。利用火箭进行研究后，这一奇异的事实已得到证实。

（四）重视学生独立翻译能力的培养

“以学生为中心”的翻译教学模式的目的是培养学生独立翻译能力，而不是只教学生学会翻译某些句子或文章。这种教学模式重视翻译过程，旨在通过教师的指导，帮助学生学会如何理解原文，并且通过恰当的技巧来书写自己的译文。此外，为了树立学生的自信心，教师必须对学生的作业持积极的批改态度。

三、“以学生为中心”教学的活动安排

（一）开列阅读书单

由于翻译是一项实践性较强的活动，所以在翻译教学的所有阶段都必须重视实践练习环节，翻译课程安排应以实践活动为主线，但也要重视理论指导实践的重要作用。应当清楚的是，如果离开科学的理论指导，也就没有办法采取高效的实践活动。所以，为了帮助学生在较短的时间内掌握科学的翻译理论知识，教师可以向学生推荐阅读书单，教师可为学生开列如《翻译简史》《翻译理论与技巧》《中英文化习俗比较》等方面的书籍，学生可以通过这种方式学会用普遍的原理来处理个别的实例，之后再经过教师的指点，学生就可以将实例接通到理论上去，做到真正的融会贯通。

（二）多进行笔译、口译练习，消除文化障碍

学习口笔译的学生不仅要具备坚实的双语素养、文化知识和运用翻译策略的技巧，特别是在口译教学中，跨文化沟通认知对学习口译的学生十分重要。许多口译初学者在翻译过程中出现错译或误译，并非他的语言能力有欠缺，而是他遇到了无法解决的文化障碍。所以，只有不断进行翻译实践，才能消除可能出现的文化障碍。

（三）采用多媒体教学手段

由于语言运用是一种多感官的体验，可以通过不同的媒体或者不同的感官渠道传输语言信息，所以很有必要采用现有的多媒体技术进行英语翻译教学。目前很多学术讨论会、记者招待会或者国际之间的互访宴会等都会采用同声翻译录像、光碟，在翻译教学中就可以利用这些录像、光碟，来创造模拟的现场效果，从而进行英汉或其他语言的互译实践。

四、“以学生为中心”教学的不足

“以学生为中心”的翻译教学模式并不是十全十美的，它同样存在以下局限性：(1)如果同一组学生在一起讨论问题的时间过长，一些学生的精力就会逐渐开始分散，有时候他们会讨论某些个人的事情，忘记了正在进行的问题。(2)这种方式会助长部分学生的惰性，特别是那些经常处于中下水平的学生，他们会依赖小组成员，而不去思考，他们常常只会等待其他人来回答，也就是说会造成“窃取他人成果”的现象。(3)这种教学模式会让部分学生感到困惑，尤其是那些处理语言解码和语言编码能力较差的学生，会使他们对自己的翻译能力感到自卑。

第三节　翻译教学中应注意的环节与实践应用

翻译无论是科学、艺术，还是技巧，都需要在实践中认识它、做好它。翻译就是以语言为工具进行信息、情感、思想、文化的交流。梁启超曾指出："翻译文体之问题，则直译意译之得失，实为焦点……新本日出，玉石混淆。于是求真之念骤炽，而尊尚直译之论起。"毫无疑问，翻译工作需要一定的理论水平，但重要的还是掌握翻译实践技能。前者是道理，后者是操作。

一、翻译教学中应注意的环节

（一）技巧知识传授与理论知识讲解相结合

大学英语翻译教学大都以教授翻译技巧和翻译知识为主要内容。但是，如果教师能把翻译理论融会贯通在技巧和知识的传授中，则会有助于学生在翻译实践中学会独立解决问题，通过理论分析克服实践中遇到的困难，认识翻译活动的基本规律，尽快提高自己的翻译实践能力。就非英语专业课程而言，大学英语精读课中的单句或段落翻译练习是基础阶段综合训练的一个非常重要的组成部分。大学生有一定的英语基础，又有较高的汉语修养，如果教师能在授课中增加一定的翻译理论指导，对学生稍作点拨，便会收到事半功倍的效果。

（二）翻译能力与其他能力的提高相结合

翻译教学是包括理解与表达的教学，涉及英语的理解能力和汉语的表达能力。对学生翻译能力的培养，不应只依赖单方面的翻译理论及相关知识的传授和技巧的训练。听、说、读、写、译五种语言基本技能不是孤立的，而是相辅相成的。所以在语言教学中，培养翻译能力还要从诸多方面入手：通过加强词汇和语法教学，夯实学生语言学习基础；通过精听、泛听、精读、泛读训练增加学生的语言输入，为语言输出做好质量上的前提准备；通过加强中、西方文化的对比分析，培养学生语言学习和运用中的文化意识，提高文化素养。

（三）阅读的“面”式教学与翻译的“点”式教学相结合

翻译教学与阅读教学有着紧密联系。阅读和翻译对理解的要求不尽一致，对阅读的要求是理解准确率不低于70%，而对翻译准确率的要求则是100%。因此翻译教学是以阅读教学为基础，翻译教学经常融于阅读教学中。在阅读教学中进行点式翻译教学，对于阅读教学的深化大有裨益。阅读教学中一部分学生不求甚解，对难句、关键句或难度较大的段落的含义不甚清楚，因而要通过翻译表达的反作用，加深学生对原文的理解，进而使其完全消化吸收。翻译教学有机融入阅读教学过程中，作为阅读教学过程的一个环节，也将传统的语法翻译教学法与现代的交际教学法有机结合起来，使之相得益彰又各取所需。

（四）英语理解的准确性与汉语表达的审美性相结合

尽管大学英语翻译的教学和测试标准主要是考查学生的准确理解力，但表达的问题也不可忽略：表达水平直接反映对原文理解的程度和翻译的质量，理解的程度只有凭借表达，才能得以展现。虽然大学英语教学对翻译教学在语言形式要求并不很高，但翻译作为一种语言活动必然涉及审美问题。在翻译过程中，审美意认是一种积极主动的心理活动。对翻译语言做美学的评价和欣赏，必须把语言所表达的思想感情内容与语言形式统一起来，把语言表达与交际语境统一起来，才能对文本语言做出恰当的审美判断并获得美感。语言审美包括语音、文法、修辞等方面。在翻译教学实践中，学生自身因忙于做抽象的词义及语法分析而忽视语言审美，教师需要在讲授翻译知识和技巧时，注意唤醒学生的审美意识，引导学生在理智分析语义的同时，联系具体语境中的语言形式、交际场合、交际目的等诸多因素，进行具体或整体的感性理解。要说明的是，大学英语翻译教学毕竟不同于其他类型的翻译教学，审美意识的渗透和培养要适时适量，不可喧宾夺主。翻译教学作为大学英语教学的一个重要组成部分，应当予以充分重视。笔者这里简要分析了翻译教学中的一些现存问题及应注意的几个环节。另外，教师应更深入地钻研教材，更合理地设计教学方法，学生也应端正对翻译的学习态度，积极配合教师，扎实、刻苦地进行翻译练习和实践，以达到教学互动、教学相长之境界，使翻译能力和水平得到实质性提高。

二、翻译教学中实践的应用

翻译理论的重要性更体现在它对翻译实践的指导意义上。古人云：凡事须由其途，得其法，方能终其果。英汉互译自然也需要科学理论的指导，此处的理论其实就是翻译实践的必由之路和原则法度，“翻译实践水平的提高，不能依靠提高劳动强度，只能依靠与自然科学和社会科学水平相适应的理论指导”。翻译理论的启蒙性、实践性与指导性不容忽视对其基本理论的传播。另外，翻译理论也能促进翻译教学水平的提高。深刻参透新的翻译理论，必然会扩大教师的专业视野，丰富教师的专业知识。新的理论经由教师的筛选，融入翻译教学，进而指导学生的翻译实践，必将更快、更有效地为国家培养翻译人才。

（一）关联理论与翻译

1. 关联理论概述

语用学家斯伯博和威尔森综合认知科学、语言哲学及人类行为学的研究成果创立了关联理论，不仅在语用学界反响强烈，对语言学、文学、心理学、哲学等领域也产生了一定影响，对翻译研究也同样具有积极的意义。他们的学生格特运用关联理论对翻译进行了专门研究，并在《翻译与关联：认知与语境》一书中进一步发展了关联理论，阐述了他对翻译研究的启示，提出了一种全新的关联翻译理论，为翻译研究开辟了新的领域。关联理论认为，若文本话语的内在关联性很强，则读者在阅读中无须付出太多推理努力，就能取得好的语境效果（语境含义或假设）；反之，若文本话语的内在关联性很弱，则读者在阅读过程中需付出较多推理努力，才能取得好的语境效果。从文本的创作或翻译看，好的文本或译本并不是要向读者提供最大的内在关联性，而是要提供最佳的内在关联性。从文本或译本的解读看，读者理解话语的标准就是在文本话语与自己的认知语境之间寻求最佳关联，而不是最大关联。这里的最佳关联就是用最小的推理努力，取得最大的语境效果。文本的内在关联性往往与文本的创作意图、社会功能、写作风格和文体色彩等有关。例如，以信息功能为主、含义单一明确的实用文体，往往提供较清楚的内在关联性，读者很容易直达其意；而意境深远、蕴含丰富的文学作品，其内在关联性较为含蓄，为读者留下丰富的想象和推理空间。但无论文本的文体、风格或功能如何，都应该设想为读者提供最佳的内在关联性，才能使读者从文本话语中获得最大语境效果。

关联理论是以认知和交际为基础的。在关联理论中，关联性被看作输入到认知过程中的话语、思想记忆、行为、声音、情景、气味等的一种特性。语境则是一个心理结构体，它存在于听话者头脑中的一系列假设，包括：上下文，即在话语推进过程中明白表达出来的一组假设；会话含义，即按照语用原则推导出来的一组假设；百科知识，即涉及上述两类假设中相关概念的知识或经验。任何一个交际行为都是明示—推理的过程。听话人为了理解说话人的意图，必须根据关联理论把对方具有最佳关联性的言语刺激以及当时的交际情景当作信息输入，并从记忆中提取相关的百科知识与之匹配（做出语境假设），在大脑中枢系统中采用演绎规则对它们进行综合加工（付出一定的努力），最终获得语境效果。因此，话语理解的过程就是通过语境进行推理的过程。

翻译的本质也是种言语交际活动，原作作者与译者构成交际双方，译者和译语读者（接受者）又构成交际双方。原作中的每一个语句、每一段话语对译者而言都是明示刺激，这种明示刺激或明示性话语就是一组语境线索，译者在这种言语刺激作用下就会激活其认知语境，利用词汇知识、逻辑知识及百科知识寻找关联，进行推理，推导出作者的意图，进而理解原文。另外，译者要将自己的理解传达给接受者，就要调用译入语方面的认知语境，尽量将原作内容和形式忠实地表达出来，使译文符合接受者的期待。因此，关联理论框架下的翻译就是一种对源语进行语内或语际阐释的明示—推理活动，这种明示—推理活动要依靠语境实现。关联理论认为语境不是在话语生成之前预先确定的，而是听话者在话语理解过程中不断选择的结果，它会随着交际过程的发展而不断发展和变更。语境是一系列假设，是一个大范围的概念。在话语理解的过程中也使那些最为相关的语境被激活，通过推理做出判断。要使交际成功，就要寻找话语与语境之间的最佳关联，也就是要找到对方话语同语境假设的最佳关联，通过推理推断出语境含义，最终获得语境效果。制约相关性的两大因素就是语境效果与推理努力。语境效果大，推理时所付出的努力小，关联性就强，反之亦然。由于认知语境是因人而异的，对同一话语的推理往往也有不同的暗含结果，比如在朋友家聊了一段时间后，起身准备离开，这时天正下着雨，朋友说："在下雨呢。"如果朋友是坐着说这句话，根据已有的认知语境，即下雨时主人常留客人，结合朋友的话便可以得出结论：主人要留客人。但是，如果朋友一边递给客人一把伞，一边开门说这句话，客人就要调整认知语境，搜索有关的信息：朋友大概有事，主人为客人开门常有送客之意，下雨出门可以打伞。根据这一组信息，结合朋友的话，就可以推出结论：朋友至少不反对客人离开。因此，话语理解的过程实际上就是不断激活相关语境、寻找关联、进行推理的过程。翻译的本质是一种交际活动，译者扮演着信息输入（对原作的理解）和输出（言语产出）的双重角色。不同的译者有着不同的认知语境，同一个译者处在不同的时间、地点也会有不同的认知语境。在翻译过程中，译者必须依赖语境，从原作的言语或语句的刺激中寻找最佳关联，再把这种关联传递给译语读者，也就是说，译者把自己的理解传递给译语读者。由于译者的认知语境是动态的，加上不同语言构成的语篇或文本受不同语义、文化等诸多因素的制约，译文不可能完全对等于原文。也就是说，翻译是动态的、波动的。那么，是否说翻译的这种波动性就使译文无章可循了呢？不是的。翻译的成功取决于相关因素间的趋同。趋同与趋异是两个相对的概念。"翻译的成功"指的是翻译的效度，它与趋同度成正比，与趋异度成反比。即趋同度越高，则趋异度越低，翻译的效度就高；反之，趋同度越低，则趋异度越高，翻译的效度就低。所以，要提高翻译的效度，必须尽量使译文向原文趋同，以提高翻译的信度和质量。翻译的本质是一种交际活动，译者必须从原作的语句刺激中寻找最大关联，通过认知语境进行演绎推理，识别作者的交际意图，进而用正确的语码传递给接受者。译者只有在源语和译语之间找到它们最大的语义和语用关联时，才能使译文最大限度地趋同于原文。因而，笔者认为翻译的趋同可分为语义趋同和语用趋同。语义趋同指在语言形式和规约意义上的趋同，语用趋同则指在内容和隐含意义上的趋同。规约意义的识别受语境的干扰较小，而隐含意义的识别必须借助语境进行推理才能实现。翻译中，译者必须依赖语境，寻找关联，通过推理识别作者的交际意图，并对接受者的认知语境做出正确的假设，选择适当的译语，努力使原作作者的意图与译语读者的期待相吻合。翻译的本质是交际的、语用的。因此，质量好的译文必须兼有语义趋同和语用趋同，仅有语义趋同，有时译文可能传达不出原作的意图，变成“曲译”或“死译”。当然，在无法兼顾语义趋同和语用趋同时，就应该想方设法做到译文的语用趋同，以传达出作者的意图。

2. 关联理论在翻译教学中的作用

关联理论对翻译教学有很大启示，它首先告诉人们，要翻译，先要理解原文。根据关联理论，要准确无误地理解原文的语境，根据语境做出认知假设，找出原文与认知假设间的最佳关联，从而理解原文语境效果。寻找关联要靠译者的百科知识，原文语言提供的逻辑信息和词语信息。因此，寻找关联就是认识推理的理解过程。更为重要的是，翻译是作者—译者—读者三元关系，原文作者和译者的认知环境不同，作者力图实现的语境效果同译者从原文和语境中寻找关联而获得的语境也是不同的。这样一来，原文信息和译文传达的信息就不可能完全对等，翻译只能做到“达义”“对体”“求形”。所谓“达义”，就是正确地表达原文的意义，意义是交际的核心内容，意义的篡改、歪曲，谈不上是翻译，只有准确无误地表达原文的意义才是翻译的首要任务。无论是明说还是暗含，意义的语码转换是可行的。

“意义”包括两方面的意思，一个是“意”，另一个是“义”。“意”是指意图，原文作者的意图，翻译就是译意。在翻译中，两种语言的体裁要相吻合，诗歌绝不可译成散文，戏剧绝不可译成小说。综上所述，关联理论对外语教材编写、词汇记忆、阅读理解教学、翻译等有着十分重要的借鉴作用，语言教师应学习语言学，改进教学方法，掌握教学技巧，培养更好的人才。

（二）认知语言学意义观与翻译教学

1. 认知语言学意义观

传统的意义观主要包括指称论、使用论、行为主义论、真值条件论、概念论、成分论等。这些意义观是四种主要语言学范式意义观的具体体现，即传统哲学、对比语言学、结构主义语言学和转换深层语法。这四种语言学范式虽有其不足之处，但都属于客观主义语言学范畴。客观主义语言学对于意义的核心观点是语言对现实世界的直接镜像反映、意义来印证语言本身，可以通过语言的意义对现实世界得到准确的理解。由此得出描述同一场景的不同表达具有相同的意义，因为它们反映的是同一场景，如同一源语表达，“玛丽把杯子打破了”既可以翻译为“Mary broke the cup”，也可以译为“The cup is broken by Mary”，因为两种译文反映的是同一场景——“玛丽把杯子打破了”。然而，认知语言学与客观主义语言学持明显不同的观点，它认为意义不是来自语言本身而是来自对体验的理解。语言仅仅只是起激活意义的作用，语言与意义之间是导引与被导引关系，而意义就是概念化。具体地说，意义存在于人们的大脑中，而不是语言中，语言的作用只是激活意义和其所属的概念框架。意义或概念化存在于现实世界和概念结构之间的人类认知过程的结果，而认知过程是指人类识解现实世界的过程，因此，意义或概念化是人类用识解方式感知、体验现实世界过程的识解结果，每一层意义不仅包括具体的概念内容，还含有相应的识解方式。语言意义应该由概念内容和识解构成，一种有挑战性的意义观尤其不能忽视后者。由此可知，能够激活相应概念框架中的某一意义的表达必定反映隐含在意义中的某一识解方式。换句话说，某一具体语言构造的使用，事实上赋予了所构造的场景某一具体的意象。因此，根据认知语言学的意义观，可断定前面的例子中的论断是不合理的，尽管“玛丽把杯子打破了”的两种英文翻译可以激活同一杯；被摔破的概念内容，但是译文“The cup is broken by Mary”不能激活与源语表达一致的识解方式，因此改变了源语表达的意义。另外，为了说明认知语言学的意义观，句子尤其是被动句常常用来作为说明例子。在此必须指出，这一做法大大局限了普通读者对认知语言学语义观的理解，甚至会使其误认为认知语言学语义观只适用于句法层面。事实上，词汇和句法都可用来示例这一意义观，因为两者之间没有明显区分。词和句子形成了一个符号元素的连续体。这就意味着词和句法都是语言构造，都可以构造该概念或场景，赋予概念或场景识解方式。名词属于词的范畴，由此可推导出指称每一个指称概念的名词实际上都体现了相应的识解方式，以下将以认知语言学意义观为指导具体探讨名词的翻译教学问题。

2. 认知语言学意义观对名词翻译教学的启示

在具体名词翻译教学过程中，教师首先需结合认知语言学意义观探索出具体的名词翻译原则，然后在此原则指导下以引导的方式与学生探讨具体名词的翻译。如上所述，意义由概念内容和识解方式构成，译者在用某一名词激活某一意义的同时也是在选择某一意象，构建某一场景，而翻译的性质又是在目的语中再现源语的意义。据此，可以认定翻译名词的原则，即名词翻译应该以认知意义为导向，即意义的概念内容和识解方式都应该在目的语中再现。然而，词本身所具有的特点使得这一名词翻译准则的具体实施困难重重。首先，与句子相比，词虽与句子构成一个连续体，两者没有明确的界限，但是词在结构上比句子稳定，而句子较灵活，更具有兼容性以及词无法可及的优点。另外，人们所涉及的名词都已经深深扎根于汉英两种语言中，因为这些名词所指称的名词性概念主要来自人类所共有的基本领域，如衣食住行等，这就意味着汉英两种语言都存在并且都有自己约定俗成的词汇表征。因此，如果按照上述翻译原则把汉语名词直接翻译到英语里，结果就会是虽然原词所激活的概念内容和识解方式在英语里得到体现，但有可能在英语里无法激活与在汉语里一样的概念，甚至会导致误解，反之亦然。因为汉英两种语言在概念化同一实体时所采用的识解方式完全不同，自然无法激活同一概念。如“床头柜”，如果根据上述翻洋原则把其译为 bed-head cabinet，就很有可能在英语读者头脑里激活的概念是像衣柜那样的实体，而不是摆在床边的小桌子。因此，以上提出的名词翻译原则只是描述了一种理想状态，考虑到源语意义的成功传递和目的语读者的理解两个因素，名词翻译原则应进一步修正为：在翻译名词时，译者首先应该尽量在目的语中再现源名词的概念内容和识解方式，若无法做到两者的同时再现，译者应该舍弃源名词的识解方式，而选择与目的语一致的识解方式。基于以上观点，以下将探讨概念共享情况下的名词翻译教学及概念缺失情况下的名词翻译教学。

（1）概念共享下的名词翻译教学

汉英在词汇表征同一名词性概念时存在两种情况。第一种情况是同一名词性概念在汉英两种语言中都有词汇表征，且汉英词汇表征体现相同的识解方式。这种情况的名词翻译策略为：如果源名词所表征的概念为汉英两种语言所共有，且在目的语中由体现相同识解方式的词来表征，那么源名词所激活的概念内容和识解方式都应在译文中体现出来，如概念 book shelf 在汉语里词汇表征为“书架”，该词体现了功能视角识解方式，即该词所表征的实体是用来放书的。而在英语里，该概念词汇表征为“book shelf”，其所激活的识解方式与“书架”一样。因此，英译“书架”时，其所激活的概念内容和识解方式都应在英语中得到再现，翻译为“book shelf”。由于这种名词翻译方法沿用了源名词的识解方式，因此笔者把其命名为传承法。第二种情况则是名词所表征的概念为汉英两种语言所共有，但在两种语言中分别由其约定俗成的词汇表征，即源名词所表征的概念为两种语言所共有，但目的语中表征此概念的名词体现不同的识解方式。由于两种语言采用了不同的识解方式，如果硬要在目的语中再现源名词的概念内容和识解方式，其结果只会是在目的语读者头脑中无法激活同一概念内容。因此，为了激活同一概念内容，只有舍弃源名词的识解方式以适应目的语中已经存在的识解方式，如一种发型在英语中表征为“afro”，其体现了转喻的识解方式，即整个范畴被用来指代这一范畴所特有的特征。而在汉语中此概念表征为“爆炸头”，其体现的是隐喻识解方式，即头发的形状与爆炸时的情景相似。当汉译 afro 时，如果其所包含的识解方式保留在汉译译文中而把其译为“非洲”，那么很有可能无法在汉语读者头脑中激活“发型”这一概念。因此，汉译 afro 时，应该在汉语目的语中选择体现相同识解方式的词，如“爆炸头”“蜂窝头”及其他体现类似的隐喻识解方式的词。鉴于此种翻译方法涉及参照目的语中的识解方式，把其命名为参照法。

（2）概念缺失下的名词翻译教学

以上主要在阐释翻译性质和认知语言学意义观的基础上提出了名词翻译原则，并在此原则的基础上提出概念共享下的名词翻译策略，即传承法和参照法。笔者主要运用这两种翻译策略来探讨概念缺失情况下的名词翻译，以期能为以后相关名词翻译提供翻译依据，并为评价已有的名词翻译提供评估标准。概念缺失是指源名词所表征的概念是源语所独有的，在目的语中不存在这一概念。对这种情况下的名词翻译方法则为传承法和参照法的结合，即参照与原概念所在的原框架相似的目的框架中相关概念的识解方式，然后决定是否传承源名词所激活的识解方式。例如“毛笔”所表征的概念是汉语所独有的，英语则无此概念，但是英语有这些概念如 quill pen（羽毛笔）、steel pen（钢笔）和 lead pen（铅笔），其与源名词所表征的概念处在同一框架下，即 pen（笔）框架。那么翻译“毛笔”时，就需参照原概念的识解方式。如果原概念的识解方式与相关目的语概念的识解方式一致，那么原概念的识解方式就在目的语中得到传承。例如，概念 quill pen（羽毛笔）、steel pen（钢笔）和 lead pen（铅笔）分别表征为 quill pen、steel pen 和 lead pen。这些名词表征表明英语是从质地材料视角来概念化相关实体的。而汉语表达“毛笔”也反映了相同的质地材料视角识解方式。因此，“毛笔”可翻译为“hair pen”。这样，不仅原概念中的识解方式在目的语中得到再现，而且也便于目的语读者的理解，因为目的语读者可以通过人类普遍存在的识解方式即类比思维方式来理解 hair pen。通过类比，目的语读者可推导出 hair pen 与 quill pen、Steel Pen、lead Pen 一样，也是一种笔，与其不同的是，前者的笔尖是用毛做的，后者的笔尖则分别是以羽毛、钢、铅做的。鉴于此，可试做评价，即前人把“毛笔”英译为 brush pen 这一做法是值得商榷的。此外，如果原概念的识解方式与目的语相同概念的识解方式不一致，那么其应该适应目的语中的识解方式。

还存在另一种情况，即目的语中不存在与源语所特有的处在相同或相似框架目的概念，也就是不存在参照的可能性。例如，英语中就没有概念与汉语概念“阴”和“阳”处在同一框架下。对于这种情况，只能在目的语中完完全全地再现源语的识解方式，从而英译为“yin”和“yang”。综上所述，翻译则是指在目的语中再现源语的意义。根据认知语言学的意义观，意义就是概念化，由概念内容和识解方式构成。在此基础上，人们提出了名词翻译原则：在翻译名词时，译者首先应该在目的语中再现源名词的概念内容和识解方式，如无法达到两者的同时再现，译者应该舍弃源名词的识解方式，而选择与目的语一致的识解方式。在该翻译原则指导下，人们提出了名词翻译的三种策略，即传承法、参照法以及传承参照结合法。传承性翻译策略是指源语名词所表征的概念为两种语言所共有且此概念在目的语中也有体现相同识解方式的词汇，翻译时源语名词所表达的概念与体现的识解方式在目的语中同时获得再现。参照性翻译策略则指源语名词所表征的概念为两种语言所有，但源语名词表达的概念在目的语中是以不同识解方式得以表征的，翻译时则采用符合目的语识解方式的词语。传承参照结合法则指参照与原概念所在的框架相似的目的框架中相关概念的识解方式，然后决定是否传承源名词所激活的识解方式。

3. 翻译教学中认知语言学的意义观与译者主体性

传统意义观根植于客观主义，认为意义是客观存在的，每个句子都有一个客观意义，这个意义并不关乎任何一个人，而是独立存在的。现代意义观的哲学基础是经验现实主义，认为没有独立于人的认知以外的所谓意义，语言符号不是对应于客观外部世界，人的认知参与了语言的意义和推理。因此，人们说意义不能独立于人的认知以外而存在，而这也同样适用于隐喻的意义。王寅在分析隐喻的工作机制时认为，同一种语言和文化中的交际双方共享的语境知识、文化因素、常规模式等因素是隐喻得以实现其交际价值的基础。在这个基础上隐喻意义才得以形成和识别，即双方达成对某隐喻意义的共识，这样隐喻也才获得其存在的可能，才会具有生命力。但是他同时指出人的认知能力是有差别的，这会导致对隐喻理解的偏差。从跨文化交际翻译角度来说，这种偏差是客观存在的。不同文化背景的目的语读者能否通过翻译来感知到源语中作者要表达的隐喻意义，无疑是检验翻译质量的一个重要标准。翻译是一种语际交流，是一种跨文化交际，也是意义通过译者从作者向目的语读者传递的过程。传统翻译观认为译者居于从属地位，是原作者和读者之间的隐形人，解构主义颠覆了这一想法，认为译文不再是原文的附庸，从此，译者在作者和读者间逐渐开始显露其存在和作用。20 世纪 70 年代翻译界出现的文化转向也一定程度上凸显了译者的主体性。“译者从被动、从属的地位中解放出来，享有翻译主体的充分自由，使平等对话与创译成为可能，译者也因此能突显个人的意志，张扬个性，发挥译者的主观能动性。”但是谈译者的主体性并不意味着译者可以恣意妄为。译者的主观能动性必须是建立在客观文本的基础之上的，也必须以译者本身的认知结构为依托，并体现作者的认知结构和对目的语读者认知能力的预测。无论译者在翻译过程中体现怎样的个人意志，采取怎样的翻译策略，译者主体性所起到的作用最终还是传达意义，即为跨文化交际这一目的服务的。也就是说，译者既要面对原作者、原作，又要面对读者，考虑到读者在自身文化中的接受能力。

（三）言语行为理论与翻译教学

言语行为早在20世纪50年代就是语言哲学家的研究对象，所谓言语行为指人们为实现交际目的而在具体的语境中使用语言的行为。言语行为并非“言语的行为”，而是一种交际活动，涉及说话者说话时的意图和他在听话者身上所达到的效果，即言语就是行为。言语行为理论设想了言语行为的三分说：言内行为、言外行为以及言后行为。言内行为指的是“说话”这一行为本身，即发出语音，说出单词、短语和句子等。这一行为本身不能构成语言交际。言外行为是通过“说话”这一动作所实施的一种行为，如传递信息、发出命令、问候致意等。言后行为指说话带来的后果，即说话人说出话语后在听话人身上产生了哪些效果。例如，“我饿了”这一言语行为：其言内行为就是说出这三个字；言外行为是实施说话人的一种“请求”行为，请求听话人能提供一些食物；对方提供食物与否就是言后行为。在这三种言语行为中，语用研究最感兴趣的是言外行为，因为它是同说话人的意图一致的。说话人如何使用语言表达自己的意图，听话人如何正确理解说话人的意图是研究语言交际的中心问题。

1. 理解原文的内涵，翻译是一种跨语言、跨文化的交际行为

根据认知语用学的观点，要确定话语意义，就必须充分考虑说话人的意图或语用用意、交际场合以及听话人的背景知识、信念、态度等语境因素，而语境因素往往又不止一个，它“可以是语言语境（上下文），也可以是具体语境（交际场合），还可以是认知语境（记忆和知识结构）”，说话人正是通过这一系列语境信息来传达他意欲表达的话语意义。从言语行为角度论述翻译，就是要求译者正确领会原作者的主观意图。教师要使学习者认识到，翻译绝不仅仅是一种从原作到本族语的转换。根据言语行为理论，

译者在翻译过程中，不仅要理解原文的字面意义，更重要的是要弄清原作者的真正意图，同时根据不同的交际情景、文化传统、社会条件、思维方式、语言结构和表达方式等有的放矢，才能译出精品佳作来。

2. 翻译时注意言外之意，翻译最主要、最根本的任务是再现原文的意义

美国翻译理论家奈达说：“翻译就是翻译意义。”可见，意义及语用意义是翻译的出发点和归宿。他设计了两种语言的语用原则，推导出原文所示的言外之意并使译文读者理解这一言外之意，使两种不同的语用意义的差异得到沟通、融合。教师在教授学生时，要让学生了解不同文化内涵及其言外之意。英语和汉语之间有着由人类共性所决定的语言共性，这是英汉语之间得以互译的前提。但英汉语言分属于两种截然不同的语系，两种语言在语音、词汇、语法、语义等各方面差异很大。尤其是两种语言根据其语法关系的习惯用法表现在句子结构和表达方式上存在很大的差异，正是这种差异给两种语言的顺畅互译带来了障碍。

例：American education owes a great debt to Thomas Jefferson.

学生原译为：美国教育大大归功于托马斯·杰弗逊。

指导后译为：托马斯·杰弗逊为美国教育事业做出了巨大贡献。

学生缺乏对英汉思维差异的理解，过分拘泥于原句的框架，导致汉语译文并不十分通畅。在教学中，教师适时指导学生对两种语言的异同进行对比，增强他们对英汉语言差异的理性认识，力求引导他们在语言学习中自觉探寻并逐步掌握两种语言相互转换的基本规律，掌握英汉互译的基本原理知识和常用技巧，以便有效地指导自己的翻译实践，提高自己的翻译能力。

第四节　英语翻译教学中的文化差异研究

建立在不同文化基础上的两种语言，它们各自反映着自己特殊的民族文化和历史传统。中西方文化差异及思维模式的差异必然会给英语翻译造成一定的影响，要想真正掌握外语翻译的方法与技巧，不能仅仅限于对词面意义的理解，更重要的是要了解外国的社会、文化、历史背景乃至人情风俗习惯等方面的知识，了解文化方面的差异。从文化差异出发去研究语言差异，才能有效把握语言之间的内在联系。英语和汉语分别属于两大不同的语系。英语国家的文化背景与我国文化背景有很多不同之处。英语反映英语国家（主要是英国和美国）的文化现实，汉语反映中国的文化现实。在词汇方面，“英汉两种语言中，一种语言里有些词在另一种语言里没有对应词，例如：英语中 Cowboy、hot dog 等词，在汉语中不存在其对应词，一些反映汉语文化独特风格、事物的词，在英语中也难以找到对应词，如天干、地支、楷书、赤脚医生等。在语法方面，由于受各自文化的影响，英汉两个民族，往往从相反的角度来表达同一思想内容，形成矛盾的思维方式，如肯定与否定、单数与复数、里与外等，在谚语成语方面，有些哲理思维相似，表达方式也相似，但有些截然相反，或‘所用具体载体与我们有所差异’”。所以，英语、汉语在各自的语言系统中鲜明地反映出自身文化的特点。

一、不同文化对翻译的影响

（一）词汇歧义造成翻译偏差

词汇是语言的基本构素，是语言大系统赖以存在的支柱，因此文化差异在词汇层上体现得最为突出，涉及的面亦最为广泛。由于英、汉两种语言分属不同的文化，其各自深厚的文化内涵在语言上的烙印使得两种语言很少有绝对对应的词汇。大部分词汇不是在概念意义上而是在文化意义上表现出巨大的差异，而这种差异往往会给英语翻译带来极大的影响。英文里出现的 hippies，yuppies，hot dog，Overkill 对我们来讲是生疏的，即使译作“嬉皮士、雅皮士、热狗、超过所需的杀伤威力”，仍不能表达原英语词义的全部内涵和外延。

社会文化的差异往往使同一个词具有不同的内涵，如 Propaganda 含有“撒谎、欺骗”等文化意义，而汉语的“宣传”则无此义。Olive branch 象征和平，而汉语橄榄枝原本与和平无关。再如我们将 porridge 改释为“粥、稀饭”，其实二者之间也存在着文化上的差异。英国人吃的 porridge 是将燕麦片放入牛奶或水中煮成的，而我们吃的粥或稀饭则多是用稻米、小米或其他谷物加水煮成的，显然中国的稀饭没有 porridge 的内涵。

（二）知识内涵差异带来消极影响

知识的占有是翻译的前提。缺乏不同民族文化背景知识，会是翻译最大的障碍。英、汉两种语言都有悠久的历史，它们在各自民族的发展中，又都积累和创造了很多具有各自民族风格和地方色彩的形象生动的语言，这些语言史具有鲜明的文化知识内涵特色，它们只表达某种语言所独有的事物和现象，无论形式和内容在另一种语言中都不容易找到相对应的比较现象。这就需要在英译汉中理解原文所涉及的历史背景、典故和专门术语，才能消除或降低文化差异给翻译带来的消极影响。

例：Do you know that the bee navigates by polarized light and the fly controls its flight its back wings?

译：你知道蜜蜂是借助偏振光长行，而苍蝇是由后翅控制飞行的吗？

此句的障碍在于“polarized light”一词。人们往往因对有关的科技专业知识无知而将其误译为“极光”。然而，对蜜蜂而言，“polarized light”却是指从不同的方向所显示出不同特色的“偏(振)光”。

(三)不同思维模式制约语言的翻译

不同的历史积淀和深层构筑，使得任何人都必定带有本国、本民族、本地域的心理遗传基因，这种遗传基因决定着他的精神气质、思维方式乃至行为走向等，并因此构成不同国别、民族、地域人的特点和差异。这种差异对翻译的准确性会产生很大影响。比如英语里有许多固定搭配、习语、惯用语和汉语完全不同，能否用不同的文化心理正确理解、灵活运用这些词语是英语翻译的难点之一，也是英语翻译必须逾越的障碍。

例：The businessman offered him 500 pounds under the rose.

译：那个商人答应私下送他 500 英镑。

按照西方人的习惯和心理特征进行分析，玫瑰花是定情之物，在其花下当然就是私下约会。因此，“under the rose”的含义是私下、暗地里、秘密的。

主观认识及世界观的不同，经常会影响到不同文化之间的词义传递，其译文往往会使人费解或一知半解。英语成语 as timid as a hare(胆小如兔)，而汉语则说“胆小如鼠”；英语中 goose（鹅）可用来指代“傻瓜、笨蛋”，带有贬义，而“鹅”在汉族人的观念中常常是美丽与纯洁的象征。在汉语文学作品中，处处可见用花做比喻的例子，然而同是一种花，因不同民族有不同的文化背景和主观认识，其比喻象征意义也各有千秋。例如，中国人认为荷花有出淤泥而不染的高尚情操，但欧美国家的人却因主观认识上的差异把它比喻为“疏远的爱”。

英汉民族分属东西方民族，有不同的历史渊源和文化背景。他们的语言结构和思维方式都各有自身的特点，并形成了各自不同的心理模式和心理趋向。同是一种事物，由于民族间不同的心理感受，在语言中就会出现不同的意识感知，而且这种意识感知的不相融协，又必然导致两种截然不同的语言效果。中西方对“狗”这种动物就存在着不同看法。在我国传统习惯中,“狗”往往比喻坏人坏事，所以与“狗”有关的成语都含贬义，如狐群狗党、狗仗人势、狗嘴吐不出象牙等。英国人则相反，他们往往把狗看成含褒义的，如 luckydog(幸运儿)、Every dog has it’s day(人皆有得意之日)，而非“狗总会有它的一天”，把“dog doesn’t eat dog”看作“狗不咬狗”是不对的，其实是“同室不操戈，手足不相残”。

由此可见，对于动物的认识，反映在不同民族语言上就出现了明显的偏爱和厌恶两种社会效果。

以上种种充分说明，民族间的相互接触为一种语言吸收、同化另一种语言的词语提供了条件，但同化仍受到民族心理的制约。总之，英汉两种语言虽有相同和相近的表达方式，但更多的是表达方式的个性特征。正是这些不同的表达方式和中西文化差异才使人们产生了许多翻译的误解和困惑。要排除表面意思的迷惑，避免错误的理解，克服中西文化差异给英语翻译造成的障碍，我们在平时的英语学习中就应当从文化入手，经常阅读一些有关英语国家的风土人情、历史、地理、政治与文化、文学艺术、宗教等方面的书刊资料，只有不断掌握西方国家的社会文化变迁史，才能在英语翻译中足量缩小这种文化差异影响。或者说，拥有的英语文化知识和各个领域的知识越丰富，对英语民族心理状态越了解，对原文的理解才会越深透，其译文表达才能忠实于原作。

第六章　基于翻译能力培养的英语教学

第一节　翻译能力培养中的人文素养

一、人文素养培育概述

“人文素养”要求对大学生进行全方位教育，使受教育者成为既有人格又有学问的“全人”，而不仅是一个“专业”人才。所谓“人文素养培育”是在教育中加入“人文知识”的课程，是“以文史哲教育为核心的基础教育”，旨在培养大学生的批判性思维和创新能力，更重要的是，使大学生成为身心健康、知识渊博、德才兼备的真正人才。换言之，人文素养培育就是对所有的大学学习者进行普遍的基础性学科教育，包括语言、文化、文学、历史、科学知识的传授，个性品质和公民意识的训练等不直接服务于专业教育的人所共需的一些实际能力的培养。人文素养培育有以下特征：首先，人文素养培育是相对于专业教育而言的，它为学习者接受专业教育打下坚实的基础，对学习者进行学习方法和思维方式的训练，使学习者具有自我学习和自我提高的能力；其次，人文素养培育致力于人格的完善，促进个人发展，并使个人得到和谐发展。

人文素养培育在国外和国内均有悠久的历史，古希腊的亚里士多德、我国春秋时代的孔子都提倡教育内容的多元化。公元前5世纪和前4世纪雅典的教育包含7门学科：语法、修辞、逻辑（论辩）、算术、几何，天文、音乐。到文艺复兴时期，为反对宗教和封建势力对教育的支配，素质教育进一步兴起。意大利学者弗吉里奥在率先阐述人文主义教育的同时，主张施行“博雅教育”，提倡包括人文学科和自然知识等多方面的教学内容，使受教育者兼获德行与智慧，以唤起和发展人的多种才能。特别是近代以后的西方大学受到市场的驱使，越来越注重专业化。随着时间的流逝，西方一些思想家看到了注重专业教育给人的全面发展带来的不利影响，卢梭、康德、洪堡等人开始意识到人文主义教育的重要性。例如，在19世纪，德国教育家洪堡以新人文主义精神为指导，对德国教育进行了卓有成效的改革，提倡学术自由。20世纪，美国的一些著名大学在专业课堂教学中加入人文教育。20世纪30年代，美国芝加哥大学校长赫钦斯秉承英国教育家纽曼关于大学教育在增强社会的知识氛围、培养国民的公心和净化国民的情趣、提高人际交流的质量等方面的自由教育思想，他捍卫学术自由，对当时盛行美国的实用主义提出批评，反对大学过分专业化。从此，“人文教育”成为西方大学教育的重要理念。科南特认为美国的高等教育过于务实，应该从理论探索方面下些功夫。例如，人文学科应开设文学名著、外国文学、哲学、美术、音乐等课程，社会学科应开设西方思想与制度、美国民主政治、人际关系等课程，科学课程应包括科学概论、数学、物理原理、生物原理等课程。现代的教育应致力于培养“全人”，即善良的人、善良的公民和有用的人。如此一来，大学的培养目标就从单一的、片面的培养目标转向完整的、全面的培养目标，从相互脱节和对立的教育体制转向完整的、统一的教育体制，从割裂的、残缺的知识转向广泛的、全面的教育内容。

我国古代儒家要求学生掌握礼、乐、射、御、书、数六种基本技能，说明早期的大学教育具有我们今天所提倡的素质教育的性质。因为这六种技能涵盖了我们今天所说的“德、智、体、美”的宽泛内容。儒家经典《礼记·学记》中写道：“知类通达，强立而不反，谓之大成。”《中庸》中的“博学之，审问之，慎思之，明辨之，笃行之”彰显出人才培养中人格与学问相互渗透的特点，在人格上要知行合一、学思不离，在学问上要博学贯通。自我国大学教育诞生以来，更多具有远见卓识的教育家意识到了“全才教育”的重要性，随着全国高等院校进行大规模的院系调整，将众多的综合性大学改为理工科大学，明显重理工轻文科。尤其是后来随着大学的行政化和社会上的商业气息越发浓烈，我国大学的专业化越来越明显。

鉴于此，不少专业学者开始反思“人文素养培育”的重要性，于是自20世纪90年代起，开始了人文素养培育的大讨论，特别是进入21世纪以来，不少专家学者在大学开展“素质教育”方面基本达成了共识。

21世纪，大学的素质教育之所以再一次成为教育者的共识，就是因为素质教育可以提高学习者素质，完善学习者的人格，陶冶学习者的情操，拓宽学习者的知识面和视野，树立学习者的人文精神，从而使学习者更好地适应社会，更好地为社会服务，有利于整个国家和社会的进步。我国不少从事教育研究或外语教学研究的学者开始呼吁在外语专业教学中重视素质教育。外语专业长期以来格外注重学习者外语技能的培养，却忽视了学习者的人文素质教育，使得外语毕业生“知识少、视野窄、看问题缺乏立场和深度，往往把自己定位为一种翻译或传声的装置”。更有甚者，外语学习者注重了解外语文化而忽略甚至不愿了解母语文化，出现了母语文化“失语”现象。鉴于此，陆全提出在教学中运用对比法、翻译法和分析法等融入中国文化。由于翻译是外语专业课程设置中双语并重的课程，如刘宓庆所说："翻译教学应尽最大努力适应素质教育和素质教学的要求。"所以，有必要在翻译课堂中有效纳入"人文素质教育"。正如张云和曾凡桂指出的："英语专业本科翻译教学实际上是以基础英语教学和素质教育为基础的、以翻译实务技能训练为重点的一种高级阶段的外语教学。它融语言基础教学、知识教学和技能教学为一体，主要强调如何提高学生的综合职业翻译技能，其目的是为社会培养各领域的翻译人才。"[①]

二、翻译教学中人文素养的培育途径

（一）中国翻译简史拓展翻译学习者的历史知识与文化视野

《高等学校英语专业教学大纲》（以下简称《大纲》）没有对本科教学阶段的翻译史教学做出具体规定，但是在翻译课堂适当增加一点中国翻译简史的知识，不但可以使翻译学习者了解翻译的重要性，从而激发其学习翻译的热情，更重要的是，可以拓宽翻译学习者在文化史、文学史和中外交流史等方面的知识面，从而提高他们的人文素质，拓展他们的文化视野。

刘宓庆指出："没有历史感就不会有真正的现实感。翻译史是人们对翻译历程的认知性历时描写。"本科阶段的中国翻译史只是让翻译学习者对我国历史上的几大翻译高潮有一个大致的了解。不应依靠教师长篇累牍的讲解，而应选择一些著名的翻译家将佛典翻译、明末清初的科技翻译、洋务运动时期的科技翻译的西方意识形态和小说翻译及中华人民共和国成立后的翻译贯穿起来让学习者分组就某一翻译家每次做20分钟左右的口头报告，内容包括该翻译家简单的生平介绍、翻译实践和所提出的翻译理论。

① 张云，曾凡桂．英语专业本科翻译教学改革探讨——供需均衡原理引发的启示[J]．外语与外语教学，2006(7)：14-17.

每一组做完口头报告后，教师启发学习者思考翻译家所从事的翻译实践和所提出的翻译理论表现了翻译家怎样的动机，产生了怎样的影响，其采取的翻译策略是否与其翻译动机和当时的社会背景及文化思潮有关。

在某一组的学习者简单介绍了某一翻译家所提出的翻译标准后，就可以启发学习者思考这些翻译标准与文化之间的互动关系。例如，在《法句经序》中提到的“善”译和严复提出的“信”，都是“忠实于原文”的意思，而“善”和“信”等字眼实际上包含了我国文化的精髓。在这一过程中就要启发学生思考我国儒家、道家文化中的“善”是一个怎样的概念，佛教中的“善”又是怎样的概念，为何佛经中总是使用“善男子”“善女子”这样的称谓？为什么佛典译者会使用“善”译这一表达法，彰显了译者怎样的文化目的？佛教中的“善”、儒家的“善”和道家的“善”有哪些相同之处？又有哪些不同？在我国传统伦理思想中，“信”又是一个怎样的概念？为什么译者要讲求“信”？对翻译有何意义？彰显了译者怎样的责任感？再如，学习者在讲到翻译家傅雷时，会提到“神似”这一概念，而这一概念与我国传统美学概念“神韵”息息相关，那么就要启发学习者如何理解翻译中的“神韵”。通过启发翻译学习者思考和讨论这些问题，能从更深的层次揭示我国语言家提出的翻译标准与我国文化的关系，从而开阔翻译学习者的文化视野，培养他们的思考能力。

（二）翻译选材和翻译操作提升学生的思想道德水平与美学素养

通过介绍各类文体语言的特点、汉英两种语言的对比和分析及各种文体的翻译方法，使学生掌握英汉双语翻译的基本理论，掌握英汉词语、长句及各种文体的翻译技巧和英汉互译的能力。《大纲》指出，专业课程教学是实施全面素质教育的主要途径。专业课程教学不但要提高学生的业务素质，而且要培养他们的思想道德素质、文化素质和心理素质。由此可见，翻译实践教学不应该是机械的语言转换教学，而应该注重培养学生的思想道德素质和心理素质，同时引导他们学会领略语言文字之美。

首先，在翻译实践的选材上，翻译教师可以有意识地选取有关思想、文化及道德等内容且语言相对简单的篇章让翻译学习者进行翻译实践。如某一思想家的介绍、爱国故事、成语典故、特定历史时期的描述、某一民间艺术现象的介绍等，甚至是中英文经典名篇中的选段。为了确切表达出其中的文化含义，学习者在翻译前一定要认真阅读材料，对这些材料的精读可以提升他们的思想认识，培养其道德情操，有助于树立正确的价值观、人生观和艺术观。此外，在阅读过程中翻译学习者会不由得领略文化和经典的魅力。在具体翻译过程中，为了准确传达原文的意思，翻译学习者就会逼迫自己去查阅资料，这种查阅又会使他们了解到文化的更多知识，可以说是一种"滚雪球式"的学习过程和积累过程。

其次，翻译教师可以在翻译的具体操作教学中带领翻译学习者去欣赏文字表达之美。在这一过程中引导学习者发现原文和目的语的语言文字美，从而提升学习者对美的认识，激发他们对文字和文化的热爱。

（三）培养学生的批判性思维

在专业课程教学中要有意识地训练学生的分析与综合、抽象与概括、多角度分析问题等多种思维能力及发现问题、解决难题等创新能力。教学中要正确处理语言技能训练和思维能力、创新能力培养的关系，两者不可偏废。在翻译教学过程中，适当分配一些时间进行译文评析和同伴批改译文，可以培养学生的分析和综合能力、发现问题和解决问题的能力，也就是培养学生的批判性思维。所谓批判性思维，就是指"个体对做什么和相信什么做出合理决策的能力”。批判性思维是大学生非常重要的能力之一，是一种不可缺少的探究工具。总之，任何学科都应该培养学习者的批判性思维，使其内化为一种习惯，这也是人文素养培育不可或缺的环节。译文评析和同伴批改译文就是让翻译学习者对现有译文进行评析，指出其译得好的方面，也挑出译得不好的方面，学会辩证地对待一篇译文。

首先是译作欣赏。译作欣赏既是一种审美体验，又能提高翻译学习者的分析能力。在这一环节要引导翻译学习者看译作在保留了原文信息的同时，是否保留了原文的文体特色、意象和意境、用词特色和倾向、叙事方式和表现手法等，还要评述译作是否属于地道的目的语，是否体现了原文的风格。例如，在欣赏英国散文家培根的散文《论读书》中的片段及王佐良的译文时，要启发翻译学习者对照原文和译文进行分析。分析原文的用词和句式特点以及行文的总体风格，然后再分析王佐良译文的用词特点和句式特点及总体风格。学习者便会发现译文用词简洁，读起来抑扬顿挫、朗朗上口，句式结构工整对仗，且充满古色古香的意蕴。通过这样的译文赏析，翻译学习者可以学会文体分析，还可以根据这一译文完善自己的翻译，这是培养学习者批判性思维的手段之一。

一般的译文评析或学习者互相评判在这一环节可以启发翻译学习者作者写作风格、翻译语境等多种因素，来判定不同译文的优劣或自身翻译的得与失，在分析和比较的过程中获取翻译经验。这种融合了学生发现问题、提出问题、分析问题、解决问题的全过程，对培养学生的批判性思维是行之有效的教学策略。因此，译文评析是翻译教学中不可或缺的环节，是培养翻译学习者批判性思维的重要途径。

综上所述，本科阶段的翻译课不能是单纯的技能课，而应继承传统、顺应潮流，将“人文素养”的培育纳入教学的各个环节。而且，翻译课作为中外两种语言并重的课程，完全有能力在翻译史介绍、翻译实践、译作评析等环节拓宽翻译学习者的文化视野、提升翻译学习者的思想和心理素质、增强翻译学习者的美学欣赏能力、培养翻译学习者的批判性思维。当然，除上述几个途径外，还应鼓励翻译学习者在课下多读中英文的文学、哲学、历史等书籍。一方面，提高其中英文能力，从而提高其翻译能力；另一方面，这也是“人文素养”培育的重要手段和途径。

第二节　高校英语教学中翻译能力培养的重要性

一、大学生翻译能力欠缺的主要表现

在大学英语教学中，尽管学生已经学过多年英语，但是翻译的基本知识和技能都非常欠缺，翻译能力普遍较低，主要体现在以下三个方面。

（一）缺乏扎实的英语功底，未能透彻理解原文

翻译要求译者对原语“透彻地理解”，再用译语“准确地表达”。正确理解是翻译表达的基础，译语要恰如其分、达意传神，最基本的前提是要能理解原文。要做到这一点，译者需要有较扎实的英语功底。学生由于英语功底欠佳，未能透彻理解原文，导致误译、错译问题较为普遍。

（二）缺乏基本的翻译技能，硬译死译现象严重

所谓硬译或死译，指的是学生在做翻译练习时，即使能够看懂原文，但由于缺乏基本的翻译技能，译文过于拘泥于原文形式，一味追求形式的对等，置翻译效果于不顾，因而译文晦涩难懂，甚至不知所云。

（三）缺乏严肃认真的态度，拼写、语法错误明显

严格来说，要从事翻译工作并成为一名合格的翻译工作者，译者必须具备一定的条件和素质。特别是在全球化不断深化的今天，翻译更是涉外工作的重要环节。为了更好地促进同世界各国人民的友好往来，吸收国外的先进科学技术和文化财富以及外国企业成功的管理经验，高质量、高水平的翻译工作是必不可少的。翻译工作质量的好坏、水平的高低，将直接影响我们对外交流。因此，一名称职的翻译工作者除了需要具备扎实的英语功底和掌握基本的翻译技能外，还应该树立严肃认真的工作态度。翻译是一件看似简单轻松，实际复杂艰苦的工作。鲁迅曾就翻译说过这样一番话："极平常的预想，也往往会给实践打破。我向来总以为翻译比创作容易，因为至少无须构思。但真正地搞翻译，就会遇到困难，譬如：某一个名词或动词，写不出来时，创作的时候可以回避，翻译上却不成，也还得想，一直弄到头昏眼花，好像在脑子里摸一个急于要开箱的钥匙一样。"这种焦虑和辛苦表明翻译绝不是一件轻松的工作，要完成这样的工作，必须要有刻苦精神和认真的态度。在翻译中疏懒，不愿勤查字典，不愿深究问题，望文生义，避生就熟，随意删减，轻者会闹出笑话，重者会导致重大损失。

尽管这些要求主要是针对专业翻译人员而言的，对非英语专业的大学生并不一定适用，但笔者在教学中发现，不少学生在做翻译练习时，极其缺乏严肃认真的态度，作业中存在不少显而易见的错误或问题，如常用单词的拼写、标点符号的使用、基本语法的运用等方面的错误或问题。这反映了学生在翻译过程中，缺乏严肃认真的态度，对明显的错误或问题都不愿去思考、检查和校对，就马马虎虎完事，草草交差了事。尽管非英语专

业的大学生毕业后不一定从事翻译工作，但树立和培养严肃认真的工作态度，对他们其他方面的学习和今后的人生和工作都是极其重要的。

二、翻译能力在大学英语教学中的重要性

在大学英语教学中，适当加强翻译教学是十分重要的，主要原因如下。

（一）能激发学生学习英语的兴趣

当今的英语教学，由于受到交际法的过度影响，课堂教学都主张采用全英文式教学，课文的难句不是先讲解然后翻译成汉语，而是采用释义的方法，单词、短语的解释也力求使用英文定义。这种做法对于多数非英语专业的学生来讲，理解上有一定的困难，况且英语中存在大量的谚语、成语、俚语、俗语等，很难用学生可理解的英语解释清楚，久而久之则无法激发学生的学习兴趣和热情。因此，在教学中，恰当应用翻译方法，抓住英汉对比分析要点，教授学生理解和表达的技能，可以加强正迁移，克服负迁移，不但有利于学生学会地道的英语，提高学生的思维能力，而且能巩固所学的语言知识，循序渐进，从而激发学生进一步学习英语的兴趣。

（二）能加强学生对词汇的理解和记忆

英语的词汇很多，意义也不少，习惯用法、典故等一时很难记住，通过翻译能再现词汇的意义，将词的意义再次反馈到大脑，从而帮助记忆。另外，为了尽可能准确地翻译原文，学生要在理解的基础上进行选词，并要对一些近义词进行比较、筛选。在这个过程中，学生无疑会接触大量的词汇，从而扩大他们的词汇量，同时加深他们对词汇的正确理解。从这个意义上讲，翻译练习与精读、泛读等教学环节具有一定的互补性。

（三）能加深学生对原文的理解

翻译以阅读为基础，它与阅读能力密切相关，都要求掌握一定的语法知识和词汇量。二者不同的是，翻译要求理解准确，通过翻译表达的反作用，加深学生对原文的理解，达到完全吸收消化的目的。一篇英语原文，仅凭看几遍，便想透彻理解是不可能的。英语的句子结构繁杂，词汇内涵丰富，在做翻译练习时，学生首先要对翻译的对象进行分析，语法分析是翻译过程中极其重要的一个步骤。分析正确，才有可能理解正确。就是这个分析的过程，能进一步加强学生对英语，当然也包括汉语语法知识的理解和应用，巩固和增强学生的语法知识和分析能力，从而更加深入透彻地理解原文。

（四）能培养学生的语言表达和修辞能力

就翻译而言，不仅要具有对英语的正确理解能力，还必须具有用母语准确表达的能力，才能翻译出准确、通顺、得体的译文。在翻译练习中，通过对翻译对象的分析和深思熟虑，通过对母语与英语的对比分析，能使学生对语言的内部结构、表达形式产生更深刻的印象，在语形和语义之间建立一种默契，使他们对语言的表达方式从初级应用发展到理性认识。这种发展过程的结果是大大提高了学生的语言表达能力，提高了学生的内涵素质。另外，在翻译过程中，学生一方面要理解翻译对象的语境、语义和语言风格，另一方面要在理解的基础上，选择表意最准确、最恰当的语言表达形式。要实现这一目标，关键在于学生的修辞能力。翻译练习恰恰可以锻炼和培养学生的修辞能力。

总之，翻译是语言的基本功之一，是大学英语教学中不可或缺的重要组成部分。如果大学英语教师能将翻译技能的培养作为其授课内容的有机环节，就可以全面培养学生英语的五项基本技能，为学生更好地适应社会奠定良好的基础。

第三节　高校英语学习者的学习现状分析

经过大学英语学习，学生的英语能力有了一定提高，也有许多学生通过了四级甚至是六级考试，但是多数学生的综合语言能力不高，主要表现在以下几个方面：①听力理解能力达不到要求，《大学英语教学大纲》要求“能听懂语速为每分钟 130~150 词的简短会话、谈话、报道和讲座，掌握其中心大意，抓住要点和中心细节，领会讲话者的观点和态度”。相当多的学生听不懂谈话的大意，更无从掌握细节、领会讲话者的观点和态度。许多学生对自己的听力理解能力也很不满意。②阅读能力是很多学生所认为的强项，而且多数学生认为目前的大学英语教学有利于阅读能力的培养，但学生的阅读能力分布很不均衡，对于难度适中的文章基本上能掌握中心大意和主要事实，但是对细节的领悟能力、上下文判断推理能力等还很欠缺，需要进一步加强阅读技巧训练。③学生的翻译能力是亟待提高的一个方面。通过对学生的翻译练习的批改和分析，发现学生的译文中存在的问题很多，在汉译英中有理解错误、拼写错误、语法错误、措辞错误等，有些错误甚至让人难以相信出自大学生之手。另外，学生的英译汉练习显示，学生的中文表达能力也有待提高。④在写作方面，总体来说，大部分学生能在规定的时间内写出符合要求的长度的作文，但是在具体的语言表达上同样存在各种各样的错误。⑤完成基础阶段。大学生的口语能力也不容乐观，这一现象与大学英语的教学形式和考试形式都有密切的关系。有统计数据表明，目前大学生的口语能力普遍较弱，达到较高的口语水平的大学生占比很低，所以在今后的教学中加强口语训练是刻不容缓的。

以上信息表明，在大学英语基础阶段的学习完成时，多数学生也许顺利通过了考试，但是英语的综合能力却没有达到相应的水平。许多学生可以勉强应付考试，但是让他们真的去写、去译，就会出现种种问题。

以上问题产生的原因是错综复杂的，涉及教师的教学方法、学生的个人因素以及英语学习的考核方式等各个方面，概括起来有以下几点：

一、听说训练的环境营造

在听说训练方面，多数英语教师十分重视课堂上英语听说环境的营造，包括用英语授课、单设听力课程以锻炼学生的听力理解能力等。但是课堂上的时间毕竟是有限的，学生在课后往往容易忽略听说能力的训练，而且一些希望练习听说能力的学生也找不到有效的途径和方法，如果教师没有在这一方面加以指导，就会导致学生的听说能力较弱。阅读和写作通常是教师和学生投入大量精力的训练项目，但是所用的阅读材料种类比较有限，而且所跟的问题也是固定的几种类型，选择正确答案有规律可循；写作练习也大多是用所给出的材料，通过套用固定的段落甚至句型成文。久而久之，学生的阅读和写作形成了类似于“条件反射”的方法，停留在固定的层面上，阅读理解能力的提高受到限制，写出的作文也显得枯燥单调，缺乏灵活性和新意。

二、学生的个人因素

首先，学生的学习动机和学习兴趣直接影响学生在课外投入英语学习的时间和精力。对英语学习兴趣较浓的学生会主动寻找或创造听说能力、阅读与写作训练的机会，并借阅或购买阅读材料、写作指导材料或录制听说练习材料等。其次，学生的性格与对待听说训练的态度对听说能力也有很大的影响，外向与偏外向的性格有利于学生听说能力的训练和提高，而内向与偏内向性格的学生的学习主动性及听说能力普遍较差。最后，学生的学习观念和学习策略方法的千差万别也是不同学习者英语学习效果不同的重要原因。

第四节　影响高校英语教学和学习效果的因素

曾经有很长一段时期，大学英语教学研究的重点集中在寻求最佳的教学途径上，许多教学方法不断涌现，如 20 世纪 50 年代出现了视听法（也叫听说法），20 世纪 70 年代出现了认知法、交际法，后来又陆续出现了沉默法、全身反应法等。但是，有了如此多的教学方法，大学英语学习的效率却没有明显提高。基于此，研究大学英语教学的专家学者及从事大学英语教学工作的教师逐渐意识到一个重要问题，即教学方法只是学习的外部因素，而在很大程度上起决定作用的是大学英语学习者的内部因素。于是大学英语教学研究的重点也从“如何教”逐渐转移到“如何学”，从研究“教师”和“教学”逐渐转移到研究“学生”和“学习”。

在这样的背景下，有关大学英语学习者的“个体差异”的各类研究相继出现，旨在解决的中心问题是：在同样的语言学习环境中，为什么总有一些学习者比另外一些学习者的学习效果更好，而且总是不可避免地出现大学英语学习的失败者？成功的语言学习者究竟有哪些特点？这些特点能否推广运用在其他学习者身上？

经过多年研究，大部分研究者认为引起个体差异的重要因素包括年龄、智力、语言学能、认知风格、个性特征、学习动机、学习观念和学习策略等。这些学习者自身的因素又可分为两类：一类是可控因素，指通过学生自身的努力可以改变的因素，如学习动机、学习观念、学习策略等；另一类是不可控因素，指那些依靠学生自身的努力无法改变的因素，如智力、学生以往的英语水平等。研究个体差异中的可控因素，如学习者采用什么样的学习策略、具有哪一类的学习动机、如何看待自己、能否控制自己、如何归咎自己成功和失败的原因等，才是真正关注学习者的个体差异和他们的变化，才真正具有实用性。

一、大学生的语言学习观念

语言学习观念就是学习者对语言学习所持有的看法。语言学习观念的特征可以概括为以下几点。

1. 稳定性

语言学习观念同其他长时记忆的知识一样是学习者知识储备体系的一部分。

2. 可描述性

学习者可以在仔细回忆或得到提示后描述他们的语言学习观念。

3. 易错性

学习者持有的观念并非都是正确的，有些观念来自他们的老师、同学或家人，有些则可能来自他们以往的学习经历。

4. 交互性

观念是影响学习成果的四个交互作用的因素之一，例如，它会影响学习者学习策略的选择。

迄今为止，对语言学习观念的分类由于角度不同而有所不同。有学者将其归纳为元认知和动机两类基本观念。元认知观念指学习者对第二语言学习的元认知知识，包括学习者对自己作为第二语言学习者的认识（如他们的语言水平、学能、学习风格和个性等），对第二语言学习任务的认识（语言学习的性质和难度）及对如何学好第二语言的认识（对学习策略的认识）。动机观念则指学习者在第二语言学习动机方面的观念，包括三个动机要素：①学习者对自己第二语言学习能力的认识和对学习任务的结果和难度的期望值；②学习者对第二语言学习的目标和对学习任务的重要性、作用和兴趣的认识；③学习者对语言学习的情感反应。

二、大学生的语言学习策略

学习策略从广义上讲，泛指学习者为了促进学习而采取的一切行为。具体来说，学习策略是学生采取的技巧、方法或者刻意的行动，其目的是增强学习效果和易于回忆语言的形式及内容。学习策略是有助于学习者自我建构的语言学习系统发展的策略，能直接影响语言的发展。学习策略始终被认为是学习者成功与否的重要因素之一。

1. 学习策略与语言水平相关性研究

20 世纪 70 年代以来，众多研究者对学习策略从不同角度进行了研究，最终目的都是实用。无论是研究者还是教师，都期望找出行之有效的学习策略，进而帮助学生掌握更具成效的学习方法。

早期的策略研究主要集中在语言学习成功者的身上。自主把握练习机会、控制情感、系统地学习语言等一系列学习策略被研究者视为语言学习成功者所共有的策略特征。

然而，随着研究的深入，人们逐渐发现，所谓“好的学习策略”并不一定带来好的学习效果，因此对单纯研究语言学习成功者的研究产生了质疑。为解决这一问题，一些研究者将注意力转向了考察策略运用与语言水平的关系上。研究结果表明，虽然在具体策略水平上，学生的语言学习成绩与个别策略的使用情况显示出一定的相关性，但是在总的策略水平上，学生的成绩与三类策略(课堂行为、自学行为与交际行为)使用的情况均无明显关系。同时，研究发现，不同的学习者在相同策略的使用上存在显著的差异。

英语学习成功者和非成功者所使用的策略类型并无显著差异，但成功者对于使用学习策略的目的明确，善于根据自身的特点选择和调整学习策略以适应学习任务的需要，而非成功者在策略的选择和使用上具有一定程度的盲目性和非系统性。简而言之，英语学习成功者与非成功者的区别仅仅表现在选择和使用学习策略的灵活性及适当性上。这一发现显然向认为英语学习成功者在学习策略使用的频度和广度上都高于非成功者的传统观念提出了挑战。

另有研究表明，在学习策略中有一部分被语言学习成功者频繁采纳，而这一部分策略具有一个共同特征，即学习者能主动运用所学习的语言。研究者在总结了不同环境下对策略的运用及对语言水平关系进行的种种研究之后再次确认：通常情况下，英语学习成功者比非成功者更频繁地运用更多种类的学习策略。

2. 大学英语学习者语言学习策略使用现状

大学英语学习者所使用的语言学习策略通常包括情感策略、补偿策略、记忆策略、认知策略、元认知策略和社会策略。

使用频率最高的是情感策略，这与大学生及中小学生的学习模式有密切关系。在中小学阶段，学生的学习基本是在教师的指导下进行的。所以一旦遇到学习或情感上的挫折，他们总是能够很快地从教师或家人那里得到帮助，使焦虑得以疏解。因此在这个阶段，与情感策略比较而言，与学习过程直接相关的策略，如认知策略等，对学生的学习效果显示出更直接、更重大的影响。当进入大学阶段的学习之后，学生对家人及教师的依赖性逐渐减弱，他们必须学会独立解决生活和学习中的各种问题。此时，对学生的情感起调控作用的情感策略的重要性就凸显出来。善于调控自己的情绪、保持平稳的心情去迎接生活和学习中的困难的学生更可能在学习中取得好的学习成绩。

补偿策略的使用频率居于情感策略之后，是使用较频繁的学习策略之一。补偿策略能帮助学习者在知识结构不完整(特别是语法和词汇知识不足)的情况下理解和运用所学语言。

记忆策略是次于情感策略和补偿策略而被学生广泛采用的学习策略，这就印证了“中国学生倾向于使用记忆策略”这一传统观念。记忆策略用于对所学知识进行记忆和储存，如利用同根词、同义词或反义词来记忆单词、有规律地反复温习等。

认知策略是学习策略中的重要组成部分，如课外收听英语广播、观看英语电视或电影、写作时有意识地运用所学的新单词、积极参加英语角或英语沙龙等。尽管认知策略涉及的内容多种多样，但所有的认知策略都具有一个共同的功能，即学习者对于所学语言的掌握和转化。

元认知策略具有管理和调整学习过程的作用，能帮助学习者更好地协调自身学习。

社会策略的正确使用也很重要，因为语言表达是一种社会行为，是人与人之间的一种交流，所以学习语言不可避免地要与人产生方方面面的联系，这就要求在语言学习中运用社会策略。例如，课外用英语与同学和老师对话，体现人与人之间的合作，即发扬团队精神，有助于提高学习者的自信心和学习兴趣，在互相鼓励中获得更大的学习动力，在交流中得到更多的练习机会并及时获得关于错误的信息反馈。再如，学习英语国家的文化背景来辅助英语学习，能帮助学习者更好地理解他国文化，增强英语学习的效果。

第五节　高校英语教学中的跨文化交际能力培养

一、跨文化交际能力相关概念综述

跨文化交际能力是跨文化交际中非常重要的概念，而且跨文化交际能力是在交际能力的基础上所进行的扩展。研究跨文化交际能力的文化间性问题时，首要的任务是通过对文化的概念、交际能力、跨文化交际能力三个方面的文献进行梳理，对这三个概念进行明确的界定。

（一）文化的概念

在学术界，对于文化概念的界定是十分丰富的，各种人文学科如人类学、社会学、哲学、语言学等都曾根据自己的学科视角对文化概念进行界定。英文单词“culture”最开始的含义为耕种、栽培，后来逐渐演变为对人的性情和品德的培养。在1871出版的《原始文化》一书中，英国人类学家对文化做出如下定义：文化是一个复杂的综合体，包括知识、艺术、宗教、神话、法律、风俗以及人类在社会里所得到的一切能力与习惯。美国有学者认为生活中的各个方面都体现着文化，文化包含着特定民族或社会的行为、观念和态度。德国生物学家格伦认为文化是用于弥补人类先天性不足的，是人的第二自然。我国学者梁漱溟在《东西文化及其哲学》中将文化概括为精神生活、社会生活和物质生活三个层面。

（二）交际能力

20 世纪 70 年代，美国人类学家海姆斯在他的论文《论交际能力》中首先提出了“交际能力”的概念。海姆斯将“交际能力”界定为对语言的使用能力，主要包括语法性、可行性、得体性、现实性四个方面的内容。海姆斯提出的交际能力理论的范畴比乔姆斯基提出的语言能力的范畴大得多。乔姆斯基并不关注语言在具体环境中的运用，只关注比语言抽象的语法。我国学者胡文仲认为交际能力可以分为语言能力和社会语言能力。束定芳、庄智象指出，交际能力体现为交际的主体采用各种语言和非语言手段达到最终目的的能力。综合以上学者的观点，交际能力指的是根据不同情境对语言得体使用的能力，包含语言能力、社会语言能力、语篇能力、策略能力等诸多能力。

（三）跨文化交际能力

跨文化交际能力的研究一直是个复杂的问题，诸多学者已经对其探索了半个多世纪。尤其在概念问题上，对于跨文化交际能力和跨文化能力是否等同一直存在很大争议。综合来看，主流观点大致分为三类：第一类观点认为二者的概念是等同的，推崇这种观点的人认为二者并无差别。我国学者杨盈和庄恩平认为：“将二者的概念对等能够有效地将我们的观念从语言交际的狭隘视野中解放出来，从而在跨文化交际能力的培养过程中注重语言交际能力的同时，看到跨文化意识、思维能力、非语言交际及交际策略等的重要性。”① 第二类观点认为前者包含后者，代表人物有拜拉姆和文秋芳。拜拉姆认为跨文化交际能力不仅包括跨文化能力，还包括语言能力、社会语言能力和语篇能力，其中跨文化能力又由知识、态度、技能和批判性文化意识四个维度构成。② 我国学者文秋芳的观点与拜拉姆不谋而合，她认为跨文化交际能力由两部分构成，一部分是交际能力，包括语言能力、语用能力和变通能力，另一部分是跨文化能力，包括对于文化差异的敏感、对于文化差异的容忍以及处理文化差异的灵活性。③ 最后一类观点认为后者包含前者，将跨文化交际能力视为跨文化能力中的诸多要素之一。

二、跨文化外语教学的理论建构

语言变化与社会发展同步进行，外语教学作为一门应用型学科必须以社会发展的需要和学习者个人进步的需要为出发点，以帮助学习者适应社会的政治、经济及文化发展为己任。跨文化交际成为当今世界的时代特征，跨文化交际能力成为学习者适应这一时代发展需要的必备能力，跨文化外语教学在这种背景下应运而生。

（一）高校英语跨文化教学理论基础

1. 语言与文化、语言教学与文化教学的关系

语言与文化之间密不可分的关系已经得到广泛认可。传统外语教学的

① 杨盈，庄恩平．构建外语教学跨文化交际能力框架 [J]. 外语界，2007(4)：13-21+43.

② 迈克尔·拜拉姆．跨文化交际与国际汉语教学 [M]. 北京：外语教学与研究出版社，2017.

③ 文秋芳．英语学习的成功之路 [M]. 上海：上海外语教育出版社，2003.

基础学科——语言学，也从单纯的语言形式研究的禁锢中解放出来，衍生了社会语言学、语用学、心理语言学等分支学科，进行了大量跨学科研究，使语言与思维、社会、文化和交际之间千丝万缕的联系逐渐被认识。任何一种语言的产生和发展都依赖该语言群体及其赖以生存的社会文化。语言不仅具有表情达意的交际功能，它还是感知和思维的表现系统，前者是语言的外显功能，以语言输入和输出为形式；后者是语言的潜在功能，属于认知心理活动。两方面相辅相成，构成语言使用的全过程。

人与人之间的交际都是从个体对外界环境进行选择性的感知开始，这个感知活动受个体语言、文化和经历的影响。通过各种身体器官感知的结果（视觉、听觉、触觉等）经过大脑活动转换成概念或思想，这两个过程构成语言表达的第一阶段，即输入、内化阶段。要让对方知道自己的思想，还必须借助语言系统外化自己的感知结果和思想，这就是语言使用的外化、输出阶段。

这一过程首先是将已经形成的概念和思想转换成外化的一个新的符号系统。这不是真正意义上的语言学习，在这种情况下，学习者学到的只是一套脱离了原来赖以生存的文化内容的符号系统，学习者只能用它来表达自己本族文化的一些思想内容，却无法将其作为与目的语语言群体进行交流的工具，因为离开了该语言所反映的社会文化现实，这一新的符号系统就好像一个没有了血肉的、僵化的躯干，失去了其原有的活力和价值。

外语学习的目的多种多样，但是就正规的学校外语教学而言，提高学习者的外语交际能力是一个共同目标。外语交际能力的提高必然要求学习者了解目的语言所反映的文化意义系统，通过将目的文化与本族文化进行对比，调整和修改自己的认知图式和参考框架。只关注语言符号和语言形式，忽视语言使用中的文化内涵的教学显然是毫无意义的，外语教学应该与文化教学有机结合。

文化交际能力这一概念将跨文化交际学和外语教学两门学科联系起来，使两个原本独立的学科开始相互渗透、相互借鉴。外语交际能力作为跨文化交际能力的重要组成部分，逐渐受到跨文化培训人员的重视：文化与语言血肉相连，文化知识的学习和跨文化交际能力的培养理应成为外语教学家族中的成员。

2. 跨文化外语教学是外语教学发展的需要

外语教学是一门极其复杂的应用型学科，涉及学习者的认知心理、教师的很多不同学科的研究成果。而且，由于外语教学的宗旨是为社会和学习者个人发展服务，培养社会发展所需要的人才，所以随着社会的飞速发展，外语教学工作者也应及时更新观念，调整教学大纲和教学方法，以跟上时代发展的步伐，这是外语教学为提高学习者综合素质所做出的贡献。

跨文化外语教学无论从语言与文化的关系和外语教学的需要来看，还是从社会发展的外部环境来看，都是十分必要的。一方面，文化作为外语教学的有机组成部分，为语言学习提供了真实而又丰富多彩的语境，使语言学习与真实的人和事物联系起来，从而调动了学习者学习外语的积极性，增强了他们的学习动机，因此有利于促进外语语言教学，增强教学效果。另一方面，将语言教学与文化教学结合起来符合跨文化交际能力培养的需要，因为不学习目的语言，不通过交际实践，只通过媒体等渠道了解目的文化，只能是一种间接的文化学习，学习者不可能获取跨文化交际的亲身体验，因此很难在情感和行为层面达到跨文化交际能力的要求。在外语教学中进行跨文化培训可谓一箭双雕，既满足了语言学习的需要，又促进了跨文化交际能力的提高，从而充分发挥了外语教学的潜力。

到目前为止，我们的研究还只停留在对跨文化外语教学的必要性和先进性的探讨上。理论说明固然重要，但是跨文化外语教学如何实施的问题具有更实际的意义，如何在大纲和课堂教学中体现跨文化外语教学的思想是教师和学生更加关心的问题。

（二）跨文化外语教学的目标和内容

跨文化外语教学的总体目标是：提高学习者的外语交际能力（语言文学目标、初级目标）；培养学习者的跨文化交际能力（社会人文目标、高级目标）。跨文化外语教学是交际法外语教学的延伸和发展，如果说提高外语交际能力是交际法外语教学的最终目的，那么它只是跨文化外语教学的一部分，是促进外语文化交际能力培养的一个重要手段。这并不意味着外语交际能力的培养应该附属于跨文化交际能力的培养，是一个次要的教学目标。实际上，在跨文化外语教学中，两个目标的实现同等重要。外语交际能力以目的语言和文化的学习为核心，以语言交际能力和阅读能力的提高为重点，是外语教学实用的语言文学目标。跨文化交际能力的培养作为外语教学的高级目标，是通过进行文化对比，提高跨文化意识，学习普遍文化知识，培养多视角的、灵活的、立体的思维能力和与不同文化群体进行交际的技能，来发挥外语教学对于学习者个人素质和综合能力培养的潜力，这是外语教学的社会人文目标。虽然在一定程度上，外语交际能力是跨文化交际能力的前提和基础，但是，跨文化交际能力的培养过程，同样可以促进外语交际能力的提高，因此它们之间是一种相辅相成、相互渗透、共同发展的关系。

对外语交际能力的研究经历了一个发展完善的过程，基本上已经形成一套相对稳定、成熟的理论体系，这些理论在外语教学实践中得到了检验和完善。同样，跨文化交际能力作为跨文化交际研究的主要课题之一，也受到了许多研究者的重视，由此可见，跨文化交际能力在外语教学和跨文化交际两个学科领域之间所起到的桥梁作用。尽管外语交际能力和跨文化交际能力都已在各自的领域得到了充分的研究，但是跨文化外语教学的目标和内容并非两者的简单相加。由于语言与文化教学的有机结合是跨文化外语教学的本质特征，所以一个相互渗透、融为一体的语言和文化教学框架才是我们追求的目标，语言与文化的有机结合应该从确定教学目标开始，贯穿外语教学的其他环节和整个过程。我们首先从教学目标着手。

英语中用 goals、aims 和 objectives 这三个词来表达不同层次的教学目标。前面我们已经提到了外语教学的两个目标，即 goals，这是对教学目标的一个总体、抽象的描述。只有对抽象的目标进行具体分析，才能将其转化为外语教育工作者进行教学设计的依据和参考，这些细化了的目标就是教学目的（aims）。与这些目的相伴而生的是衡量达到这些目的的标准（stardards）。目的和标准的确定非常重要。一方面，它们是对总体目标的细分，是总体目标实现的衡量标准；另一方面，它们又是对教学具体实施的指导，是确定课堂教学目的（objectives）和教学活动的基础，同时也是教学评估和测试的基础。这种承上启下的作用决定跨文化外语教学要得到外语教学界的普遍认可，成为一种健全、合理和实用的外语教学法，必须有明确的教学目的和标准。

第七章 全球化语境下高校英语翻译教学探索

第一节 语境的基本理论

语言是一种社会现象、一种社会活动，运用语言总是离不开一定的语境，就像植物生长离不开空气和水一样。因此，学习语言，不仅要尽可能多地了解语音、语汇、语法等有关语言知识，尽可能多地掌握字词的读音和意义，更重要的还是要善于依据一定的语境准确理解语言和在特定的语境中恰当使用语言，提高实际运用语言的能力。

一、语境

语境，即语言环境，是指说话时，人所处的状况和状态。在公关语言学上，语言环境主要指语言活动赖以进行的时间、场合、地点等因素，也包括表达、领会的前言后语和上下文。语境主要包括两个方面：一是由语言要素本身所构成的语言情景(也称内部环境)。该语言环境指语言系统内部各语言单位之间的相互关系。它不仅包括文章或话语中的段与段、句与句的关系，还包括一句话里词与词、词组与词组之间的关系。二是由非语言因素构成的社会情景(也称外部环境)。它包括话语交际的具体时间、场合、地点、话题、会话人的身份、会话人之间的关系、会话人流露出来的思想感情乃至会话人的社会文化背景等。语言性环境与非语言性环境有相对的独立性。但是，由于非语言性环境糅合着社会的、民族的、阶级的、社会的因素，所以，它制约着语言性环境。

（一）语境的分类

关于语境的分类，中外语言学家曾有过种种论述。尽管各家对语境分类的看法各不相同，且所用的术语也不尽一致，但总的概念却无大的相悖之处。

根据各家论述，语境可以被定义为：研究具体情景下话语意思的学问，并分为两大类——语言语境和非语言语境，其中，前者是指言语交际过程中某个言语单位在表达某种特定价值时所依赖的上下文，包括语义关系、语法关系、词法关系和句法关系，是言语交际的话题或对言语单位的编码与解码起制约作用的信息；而后者是指言语交际过程中某个言语单位在表达种种特定意义时的各种主客观因素，包括交际参与者（含其性格特征、道德品质、文化程度、知识背景、宗教信仰、社会角色与地位等），交际场合（含时间、地点、物品与事件），交际程度（指正式、较正式或非正式），交际媒体（书面或口头），交际主题及交际领域，其中一些因素构成了言语交际活动的语用场景，对话语理解起着积极的作用。戴尔·海姆斯在 1962 年对语境就提出了较完整的理论框架，后来 J. 哈默将其归纳成语境的五大要素，即背景、交际者、交际目的、交际渠道和话题，人们的语言交际行为都是通过这五大要素来确定词句的。但不少学者倾向于把语境要素分为三大类，即话语本身、言语交际发生的行为环境及场景、共有常识。

（二）语境的三个层面

话语终极输出的本质就是语义的具体表达。语义的正确表达离不开语境框架中语言的逻辑层、交际者的心理层和话语的背景层三个平面。这三层语境对语词、语句、语篇的综合作用，产生了实际交际中的语义。三层平面通过联系的、动态的综合作用构成宏观语境，具体的某一层平面就是微观语境。某一微观语境既可单独对话语产生作用，又可与其他微观语境联合作用，形成大、中、小语境的层层联系。识别话语的语境，就是从这三个最基本的语境平面展开的。

1. 逻辑平面

逻辑层语境平面表现为以下三个方面：（1）以共有的逻辑思维形式为前提；（2）建立在语法规范基础上；（3）以语词、语句、语篇的组合方式及其前后的逻辑联系为特征。

例：

A：It' s so hot here, could you please open the window?

B：I have something urgent to deal with.

A：OK!Thank you all the same.

“开窗”与“处理紧急的事情”本来毫不相干，但是由于有了共同的逻辑思维联系，即“因果关联”构成的逻辑语境，“处理紧急的事情”就被限定成“不能帮忙开窗”的原因了。在现实生活中，存在着很多看起来并没有直接联系的对话，人们运用此种对话委婉地表达拒绝等心理活动，从而也保全了对话双方的面子。

例：

A：How are you?

B：I am in bad condition.

在上面例子中，condition 前面有了 bad 的修饰限定，因此表示“我很不好”的意思。然而，如果没有 bad 的修饰，句中 condition 指的是什么，就不得而知了。

语词的逻辑搭配只有在语法规范下才能完成语义理解，这不同于背景平面中的固定习惯搭配。在英语中存在着大量的同音词和多义词，由围绕该词与其他词组合的搭配展开联想，可将其折射出多种不同的词义。所以，如果没有逻辑语境的限制，话语理解将会变得很困难。

2. 心理平面

心理层语境平面表现为以下几个方面。(1)心态和意图：肯定、否定、模糊三个层次。(2)情感：喜、恶、怒、思、悲、忧、恐、惊等。(3)以副语言和语气为显性表现形式，以“言外之意”为隐性表现形式。

人们在心理情感上的共鸣是人的共同属性和基本特征。语言是思维和心理活动的反映，交际中的话语都或多或少镶刻着心理的印迹。平常人们所说的“听话听音”，实际上就是依据心理情感在语言上的表现形式，推测出交际者的心态、情感和动机。两个语句结构一样的句子，因为重读的位置不同，也会表现出两种截然不同的心理状态，即语境意义。如“This is interesting”这句话，如果说成“That is interesting 或“This is interesting”则意思大不相同。前者表示说话人确实相信是如此，后者却颇有几分怀疑。如果说成“This is interesting”便流露出说话人的惊喜之情。可见，话语在反映心理语境方面起着非常重要而微妙的作用。

心理语境一般通过语音、语调、重音、停顿以及话语中的笑声、哭喊、尖叫与低语、呻吟与悲叹、打嗝与打呵欠等多种副语言形式表现出来。副语言或称语言的附加值是表达心理思维的重要手段，它与言语“形影不离”，又是言语行为的重要表现形式。这样我们可以通过副语言的某些特征，了解交际者的心态和情感，正确理解话语所反映出的心理语境意义。

3. 背景平面

背景层语境平面表现在两个方面，即场景和社会文化背景。

（1）场景

场景包括特定环境中的共知信息背景，交际时间、地点，交际者性别、年龄、职业、身份等一般背景。

（2）社会文化背景

一个民族共同的生活形式构成了该民族语言的文化大背景，在这种大背景下，交际者双方的许多信息可以不言而喻，语言的社会文化背景都无形地融入该民族的语感之中，语感产生于操某一语言的民族的历时经验与共时应用。中国学生往往觉得英语语义理解困难，这正是因为他们生活在与操英语国家完全不同的民族文化氛围中。这种不同的社会文化背景所构成的反差，往往成为干扰英语语义理解的重要因素。

社会文化背景的表现形式之一是历史遗留与习惯约定。特定的文化现象常常把某种烙印牢牢地刻在语言中，像成语、俗语、俚语、典故等都承载着深刻的文化价值。

在文化背景中，认知点不同所构成的文化感知差异常常成为干扰听力理解的障碍。如“black tea”表示红茶，而在英语中表示“眼红”一同却用“a green eye”来表示。这样看来，对于中国学生而言，只有把自己置于目标语国家的历史和文化坐标中，以目标语国家的各种习惯约定性为参照，才能较好地理解语境意义。

（三）语境对语言运用的作用

语言运用包括听、说、读、写四个方面。从交际过程来说，听、读是理解语言的过程，属于接收信息；说、写是语言表达的过程，属于发送信息。理解和表达虽属于交际过程的不同阶段，但都受制于语言环境。

狭义的语境对语言的理解和表达影响最大。同样一句话，在这个场合由这个人说出，与在另外一个场合由同一个人说出，表达的意思可能不同；同样一个意思，在这个场合对这个对象说，与同样在这个场合对另外一个对象说，使用的语言也可能不同。一般来说，在口语交际中，有了狭义的语境，再加上谈话时的一些辅助性的非语言手段，如表情、手势、态度、语调等，要达到相互理解并不难。但是把语言写到书面上就不同了，孤立的一句话，如“你怎么回来得这么晚呀”就很难理解，是谁对谁说的？到哪儿去了？是责备、爱护，还是撒娇，这时就要依靠狭义的现实语境来理解。

广义的语境对语言的理解和表达也有较大的影响，比如一个人说话粗声粗气，可能有几种情况：(1)对对方有意见；(2)刚刚生过气，心情还没有平静下来；(3)性格、语言习惯就是这样；等等。到底是哪一种意思，需要根据广义的语言环境去理解。

大致来说，语境对语言的运用有两种作用：一是限制作用，二是补充作用。

1. 限制作用

语境对语言运用的限制作用，首先表现在对词语的理解和选用上。同样一个词语，在不同的语境中，表达的意思可能不同，这时就要依据具体的语境做出准确的理解。语境对词语表达的限制作用突出表现在同义词语的选择上。语境对语言运用的限制作用，表现在对句子的理解和组织上。一般的句子都不难理解，但有些句子，离开一定的语境，理解就会遇到困难。语境对句子的组织也有限制作用。比如同样一个意思，既可以组织成主动句，也可以组织成被动句，组织的标准是什么呢？就是语境——由语境决定组织成哪种句子效果最好。

语境对语言运用的限制作用，还表现在对段乃至整篇的理解和安排上。讲一篇课文，常常要先给学生介绍一下时代背景、作者简介等，就是因为这些语境有助于理解文章或文章中的某些语句。至于段的组织、篇的安排，同表达的目的、场合、对象等，都有直接关系。

2. 补充作用

语境对语言理解的补充作用，主要表现在对语言的深层含义和言外之意的理解上。一个句子，表达的可能只是很简单的字面上的意义，也可能是语境所赋予的一种深层的含义，还有可能是一种言外之意。字面义的理解比较容易，只要弄懂每个词的意义以及词与词组合起来的意义就可以了。语言的深层含义和言外之意则不同，必须结合具体的语境，透过字面所表达的意义去深入理解。比如：一个不太熟悉的人到家里来做客。那天天气比较冷，客人有点轻微感冒，主人家则开着窗子。客人说："今天可真冷啊！"如果只把它看成一句普通的话，认为客人只是想告诉主人天冷这个事实，那就错了。客人实际上是在暗示主人把窗子关上。这种暗示就是语境给这句话补充的信息。大多数情况下，由于语境所起的补充作用，人们都能理解语言的深层含义和言外之意。语境对语言表达的补充作用主要表现在两个方面：一是充分利用特定语境，当省则省；二是表达语境临时赋予的意义或言外之意。

二、语境的特征

考察和研究语境的特征，有助于揭示语境问题的本质。

（一）语境的关联性和具体性

语境必须与特定的语言活动相关联，必须由与特定的语言活动发生直接或间接的、显现或隐蔽的联系的条件或因素所构成。不与特定的语言活动相联系的社会现象或自然现象不能构成语境。语言是一种社会现象，社会上的一切都可能成为语境。语境包括大至社会环境，小至上下文的一系列因素。但是，这些现象和因素也仅具有成为语境的“可能”，要成为现实的语境必须与特定的话语相关联。

语境必须与特定的语言活动相关联，正是从另一个侧面肯定了语言活动对于语境的依赖性，肯定了任何语言活动总是限定在一定的语境范围内。构成语境的因素很多，但对于特定的语言活动却不会全都起限制作用，亦即不可能是所有的因素都与特定的语言活动发生联系。语境是很广泛的，与特定语言活动发生联系的却往往是有限的。

书面语言作品和口头言语作品的语境不完全相同。语境对于两种不同的言语活动的限制作用和联系方式也不完全相同。书面言语作品是单方言语表达，即使是戏剧脚本上的人物对白，也是作者单方言语的表现形式。因为作品仍是作者单方围绕一个中心思想整体构思，统一进行组织安排的。书面作品中无论句群、段落或全篇，都要求中心鲜明、突出且条理清楚、前后连贯。然而口语表达，特别是人际对话，很难做到话语作品句际关系符合逻辑、条理清晰、衔接紧密。特别是日常生活会话的随意性很强，话题跳跃性很大。跳跃的话题不一定都与交际场合的客观现实有联系，也不一定都与社会时代背景有关联。日常生活的随意性会话，前言后语往往联系不紧密，此前言或后语对于某种话语不一定成为必然联系的语境条件。

书面语言交往方式与口语交往方式中，交际双方的时空位置也很不相同。书面语交往，交际双方分别处在不同的时空环境里，书写者一方在此时此地写，阅读者在彼时彼地看。书写者不可能直接观察与了解对方的心理境况，从而及时调整自己的言语行为。然而口语交往双方却是处于同一时空环境里，双方可以根据彼此的言语行为不断调整自己说的话，因为口语交际中的信息传播是双向的，不是如书面语单向的传播形式。此外，书面交往中交际双方角色固定，而口语交往的交际双方却随时交换角色，角色位置不固定。书面语的交往，表达者总是表达者，接收者总是接收者；口语交往中一会儿表达者变为接收者，一会儿接收者又变为表达者。

通过两种不同语言活动方式的比较，可以看出不同的语言活动有不同的语境，由此可以断定，世上任何特定的语言活动都没有绝对相同的语境。特定的语言活动必受特定语境的制约。换一个角度说，语境也总是特定的、具体的，它必然是与具体的言语行为联系在一起的。

言语行为是人的具体行为。具体的行为只能发生在现实的环境之中，现实的环境也总是由具体的环境条件构成。

语境因素对于语言活动的联系总是具体的，还可以从另两个方面来说明这一点。一个方面是，有的语境因素对于社会集团全体成员的语言运用具有共同制约性，有的语境因素却只对社会集团中个体的语言运用起制约作用。前者如宏观的社会政治环境、经济环境、文化背景、社会心理环境等，后者如特定的前言后语、特定的人际关系环境和交际场合、独特的个人心理环境等。由此，我们可把含有共同因素构成的语境叫作共同语境，把含有个体区别特征构成的语境叫作特殊语境。每个社会成员的语言活动都必然处于这两种语境之中，都必然受这两种语境因素的制约，而其制约功能都要具体反映到语言活动的全过程。另一个方面是，有的语境因素对于个体语言活动的全部(或全过程)产生整体制约作用，而有的语境因素只对个体语言活动的部分起制约作用。我们可把前者叫作整体制约语境，把后者叫作部分制约语境。一个人的语言活动大体都要与整体制约语境和部分制约语境发生联系，而这种联系也是具体的。语境的关联性是语境对于语言活动产生制约功能的前提。

(二)语境的层次性和整体性

语境的层次性和整体性是语境系统性的反映。

语言是一个系统，语言运用的环境也是一个系统。任何系统都是相互联系、相互制约的若干要素组成的具有特定功能的综合整体。作为综合整体的系统是由不同层次结构组成的。系统都具有一定层次性，系统内部各要素都是按一定的联系方式和作用方式分层次组织而成的，它不是各要素的杂乱堆积。对语境系统，也应该这样认识。语境是由若干不同质的要素构成的，语境系统内的要素不是孤立的，它们彼此相互联系、相互作用，从而形成一个有机的语境整体。

1. 语言因素语境

语言因素语境是一种语言运用的客观环境，也是现实语境。语言因素语境是由语言活动过程中影响其语言行为的诸种语言现象所构成的语境。有哪些语言因素呢?笔者认为，除了前言后语(上下文)以外，还应该包括语体和社会特殊习俗用语。

语言运用，实际上就是言语活动。言语活动既是一种活动，必体现为一定的过程。这种过程的结局会产生一种结果。语言学通常把这个言语活动的结果，也就是说出来的话或写出来的文章称为言语作品。人们只要说出一句话，便往往给自己或人际交往造成一种前言语境和语体语境，写文章更不必说，一个标题，便设置下了控制全文的“上文”语境和语体语境。

前言后语(上下文)可以构成特定语言活动的语境。如果按语用方向和语用单位分类，前者可划分为前言语境和后言语境，后者可划分为词、短语、句子、句群或段、节、章的前言后语。古人的所谓炼词、炼句，其实就是为词和句选择一个适合的上下文语境。托尔斯泰说：“语言艺术家的技巧就在于寻找唯一需要的词的唯一需要的位置。”“唯一需要的词”是从“唯一需要的位置”中显示出来的。锤炼词语就是把这“唯一需要的词”安放在“唯一需要的位置”上，力求做到“一字不易”。一个词语要适应前言后语的语境，然而它不仅仅是为了适应，不仅仅是接受前言后语的限制，它也可以改变前后文语境，使前后文语境得以更换品位。

从词语、句子等语言单位所形成的前言后语或上下文语境的制约范围看，还可以分为整体制约语境和部分制约语境。书名和文章的标题是对全书和全篇文章的后向整体制约，著作的“前言”或“序”是对全书的后向整体制约。“后记”是对全书的前向整体制约。文章的论点放在前面是对后文的整体制约，放在后面是对前文的整体制约。“凡是、所有、总而言之、一言以蔽之……”是对后文相关语言单位的整体制约，而“某些、一些、个别、局部……”是对相关语言单位的部分制约。一句之中，主语、话题、句首状语是句子后向的整体制约，状语对中心语、定语对中心语可看作是后向的部分制约。

语体是受制于非语言因素语境而形成的使用语言的特点的综合体系。语言的运用一经接受有关语境因素的制约而形成一个言语特点的体系以后，那么这一套言语特点的综合体又会继续对语言的使用产生约束力，这一点很像上下文语境。语体是在语言使用中逐步固定下来的，大体相同的语境对语言的使用有大致相同的限制，这种大体相同的语境类别及其对语言运用的限制逐步固定下来，便形成了语体。语体的形成虽然含有语言的环境因素和非语言的环境因素，但究其实质，语体是一种语境限制表现的言语变体。因此，语体基本上属于语言因素语境。语体具有相对的固定性、限制性和整体性，这其实也就是语体语境的特点。影响语体形成的语境因素如交际场合、交际双方情况、交际话题和意图等，对语言的使用如选择什么样的语言材料和组织方式等提出了种种要求，这些规定在长期的语言实践中得到人们普遍认同以后，便相对稳定下来形成一种规范，人们又用这种规范来制约同类语境下的语言运用。

不同的语体语境对语言的运用有不同的适应要求与限制。例如口语语体中的演讲语体，要求语言具有简明性、可听性和生动性。书面语体中的应用语体，要求语言的明确性、简要性、文明性和程式性。而应用语体的下位分体——公文体、司法文书体、外交文书体、新闻体、广播体、书信体、文摘体等，又对相应的语言运用进行种种语境限制。

语体语境对语言运用提出适应要求最多的是文学作品，无论是小说、诗歌、散文，还是剧作，其语体语境对语言材料的选择、组织结构、表现方式提出了很多严格的要求。因此，人们常说文学是语言的艺术。

社会特殊习惯用语也是一种语言因素的语境。每个社会集团、每个民族都有其本民族的文化和民族心理沉积下来的特殊的习惯用语。这些用语一经流传下来，便制约着人们的语言运用，成为语言运用必不可少的语境条件。

社会特殊习惯用语是指称谓用语、礼貌用语、委婉用语、典故用语和熟语。例如汉民族的称谓用语就异常丰富多彩。称谓，就是人们由于亲属和其他方面的相互关系，以及由身份、职业等而来的名称，汉语称谓系统的复杂性表现为：一是同一称谓在不同时代，所指不同；二是多种称谓，实际为同一对象；三是称谓类别繁多，区别细致；四是感情色彩丰富。就类别而言，粗说就有亲属称谓、社会关系称谓、年龄性别特征称谓和代称。单就亲属称谓而言，就有按血缘关系、姻缘关系和长辈、晚辈、平辈以及男女不同性别等交织形成的庞大系统。就称谓色彩而言，就有褒称、誉称、尊称、敬称、美称、昵称、爱称、雅称、婉称、恭称、贬称、讥称、谀称、戏称、贱称、恶称、诬称、谑称、憎称、卑称、狎称、泛称、通称、兼称等。人际交往，称谓为先导，交谈时脱口而出，撰文时信手拈来。如果不接受约定俗成的这一套称谓系统的制约，就有可能导致交往的失败。

因禁忌而产生的委婉语叫禁忌委婉用语。从禁忌的内容粗分，有信仰禁忌、生产禁忌和生活禁忌；细分就有所谓岁时禁忌、信仰禁忌、婚姻禁忌、丧葬禁忌、生育禁忌、两性禁忌、饮食禁忌、行业禁忌、生产禁忌、服饰禁忌、名字禁忌、数字禁忌等。多数禁忌习俗都有相应的委婉语表述。

社会禁忌委婉用语也是社会语言的一种变态语言。这种变态语言对人们的语言活动也有很强的制约力，是语言因素语境中的一个重要方面。

礼貌用语的范围很广，也可以包括例如上表述的部分称谓用语、部分禁忌委婉用语，还包括招呼语、寒暄语、祝福语、迎宾语、赞美语、慰问语、致谢语、自谦语等。礼貌用语是人们交际活动中不可少的部分。善于恰当地使用礼貌语言，可以显示一个人的文明修养水平。礼貌用语具有很强的社会性，而且形成了一个用语系统，对社会集团的每个成员的语言交往活动也具有很强的控制力。因此，它应该是语言因素语境的一个方面。

熟语，包括成语、惯用语和歇后语。熟语是人们常用的定型化了的固定短语。由于它们结构的定型化和语义的整体性，所以熟语是一个语汇系统。人们在语言活动过程中须严格遵守其熟语运用的规律。所以，笔者认为熟语也应该看作语言因素语境的一个方面。此外，典故用语和吉祥用语也都是构成语言因素语境的不同侧面。

2. 非语言因素语境

非语言因素语境系统是由与语言活动有关联的种种非语言因素构成的语境系统。该系统下位划分三个小的子系统，即交际双方境况、社会文化环境、时空环境。笔者认为，在非语言因素语境系统里，对语言活动影响最直接的是交际双方境况，因为语言活动是在人际交往之间进行的。人是语言的使用者或操纵者，人使用语言进行交际和交流。语言是人们交际的重要手段，人使用语言这个工具进行交际活动，就是语言活动。语言活动既是人的一种具体行为，又是社会的一种社会现象。因此，影响语言活动的因素常涉及社会的文化环境和具有一定社会属性的时空环境。然而，重要的社会文化环境因素和具有一定社会属性的时空因素不可能直接影响语言活动。语言活动不是一个脱离开人的独立活动，它不能脱离开人的操纵直接与社会现实环境发生联系，而社会现实环境当然也不可能与语言活动直接发生联系。社会现实环境种种条件总是通过对人去进一步影响语言活动。生活在现实社会中的人，无不受到客观环境的影响。首先是人的思想意识和情感受到影响，接着便自然地由人的思想意识和情感过滤后又折射到语言行为上来。语言行为就是这样接受非语言因素语境各子系统语境条件制约的。

（三）语境的稳定性和变化性

语境的稳定性和变化性是相对的。从根本上讲，语境是个动态范畴，因此变化性是经常的、主要的。就其语言使用者而言，其性别、民族、性格、人生观等是稳定性因素，而说话时的心境和情绪、动机和目的等则是变化性因素。至于交际对象，对于交际者来说，更是一个变化性因素。交际双方的心理环境和语言因素环境都处于不断变化之中。社会文化环境稳定性大，宏观时空环境稳定性也大。时间和空间相比较，空间环境稳定性较大，时间环境像流水一样不断地发生变化。

“言语流”就是语言中的音和词在时间的轴上按单一方向，一定顺序线性连续运动的一种现象。人体在不断运动，所以也常常带来空间位置的变化。

（四）语境的客观性和主观性

语境具有客观性和主观性，就其根本而言，语境是客观的。相对来说，说话主体的心理环境是一个主观世界，说话人对语言的使用是一种主观的控制，但自然时空环境和社会文化环境是以客观的形式独立存在着的。人们说出的话，就立刻构成一种客观的语言因素环境。交际的对象是一种客观环境。严格地说，对于言语活动，说话者身上的多种特征，其实就是一种客观存在，诸如性别、民族、身份、性格、志趣、情操、价值观、道德观等生理的和心理的因素等，都是以客观存在的形式影响着语言的使用，就连说话时的心理状态也应看作一种客观存在。

（五）语境的显现性和隐蔽性

如前所述，语境的显现因素和隐蔽因素，显现性是指对语言活动有影响的，可以具体把握的种种语境因素。如前言后语语境、交际的对象、交际的场合等。隐蔽性是指对语言活动有影响的而又不易具体把握的、隐含的种种语境因素。如交际双方的心理世界、交际双方的信息背景、社会文化环境等。

（六）语境的宏观性和微观性

语境的宏观性和微观性是语境系统层次性的一种反映。前言后语有宏观、微观之分，人际关系有宏观、微观之分，心理世界有宏观、微观之分，社会文化环境和时空环境更有宏观、微观之分。人的语言活动总是具体地存在于这两种语境之中。

（七）语境的社会性和自然性

语言本是一种社会现象。而构成语言活动的语言因素中，有的具有社会属性，如社会文化环境、人际关系环境、信息背景、交际双方的心理世界、由语言活动造成的前言后语等；有的具有自然属性，如自然时空环境。语境就是这两种属性语境的综合系统。

（八）语境的直接性和间接性

语境中的有些因素跟语言运用联系最紧密，作用最为直接，如语言表达者，自身的各种因素，特别是说话的意图和心理状况，其次是说话的对象、交际的场合。间接的语境因素往往是宏观的社会文化环境和宏观的时空环境。

通过以上对语境特征的研究可以这样来解释语境：语境是指交际过程中各种表现为语言的和非语言的因素，以直接或间接、显现或隐蔽等多样方式影响语言活动的言语环境。

第二节　语境与语言人文教学

一、英语教育过程中存在的语境文化问题

（一）未能转变文化学习目标

伴随着全球经济一体化的迅猛发展，无论是媒体报告，还是学术交流以及商务洽谈都变得越来越国际化，也就使得英语成为国际上的通用语。与此同时，不同文化语境的使用者也成为英语的使用主体，并且改变了传统英语所具备的单一性、主体性等特点，产生了多种文化、多种语言相互交叉融合的全新现象。而如若语言学习缺乏文化底蕴，偏离实际生活，那么语言学习也会越发变得枯燥乏味。所以在英语人文教育中，传统的侧重于语言知识的教育模式必须加以改变，也就是说必须转变自身的教育方向与学习目标，探索全新的路径，将语言知识逐渐转变成为文化知识。

（二）学生缺乏跨文化语用能力

无论是听力能力，还是写作、翻译的运用能力都是现如今绝大多数学生的软肋。造成这一问题的关键在于听力材料与阅读材料提供的语境，仅能从语言表达层面进行阐述，而根本没有反映出语篇的真实含义，也就无法培养语言的应用能力，以至于在涉外交际中，因为跨文化运用能力的缺失，常常会出现语用失误问题。何自然认为：“语用失误不是一般遣词造句

中出现的语言运用错误，而是说话不适时宜的失误，或者说话方式不妥、表达不合习惯等导致交际不能取得预期效果的失误。[①]”

二、在英语教育中文化语境差异带来的启示

（一）英语教师提出了提升人文素养的要求

英语人文教育是由外在教师因素与内在学生自主因素共同组合而成的。而教师对英语教学的基本认识与看法、和英语文化接触的强度、对授课班级学习潜力的期待恰恰会影响到英语文化教学的开展。尤其是教师对西方文化的认识，会对文化教学能力产生直接影响。所以，要想做好人文教育工作，教师就必须努力提高自身的文化素养，并且选择适合英语文化教学的语用互动模式，鉴于文化动态发展的特性开展教学。为此可以通过引入例子分析东西方文化的差异性。可以让学生从第三视角入手对东西方文化进行对比，并且要基于西方大众文化背景对那些与人们工作接近的小众文化进行探究。这是因为小众文化之中所具备的英语表达形式几乎已经涵盖了西方国家日常生活的方方面面。而让学生自己去总结文化差异，不仅能够增进学生对西方文化的理解，更能够提高学生的思维判断能力和自主学习能力。

（二）强化母语知识，使跨文化分析更加具有客观性

学习者的母语会对目标语口语学习产生巨大影响，主要体现在加速或者是延缓习得过程之上。所以说，文化底蕴与语言学习之间是相互依托的关系。因此，英语的学习是离不开汉语主体文化的，只有对本土文化拥有

① 何自然．语用三论：关联论·顺应论·模因论 [M]. 上海：上海教育出版社，2007.

深刻的感知，才能在西方文化的学习过程中及时地发现问题、解决问题。为此，文化语境差异也成为跨文化交际中最为直接的体现，为了能够进一步提高学生的跨文化语用能力，英语人文教育的开展过程就必须结合文化动态的实际变化，转变文化学习目标，使用恰当的语言学习互动模式，分析与探讨交际策略，总结英语表达逻辑与思维差异。在相对客观的母语文化氛围下，对学生的自主学习能力加以培养，提升学生的英语文化辨别能力，使其能够更好地理解文化差异，从而通过语言促进中西方文化的良好交流。

三、文化语境的具体作用——以翻译为例

整个翻译活动实际上表现为一种社会信息的传递，表现为传播者、传播渠道、接受者之间的一系列互动关系。与普通传播过程不同的是，翻译是在两种文化之间进行的。操纵者所选择的符号不再是原来的符号系统，而是产生了文化换码，但其原理是与普通传播相同的。

从翻译运作程序上看，实际包括了理解、转换、表达三个环节。理解是分析原码，准确地掌握原码所表达的信息；转换是运用多种方法，如口译或笔译的形式、各类符号系统的选择与组合、引申或浓缩等翻译技巧的运用等，将原码所表达的信息转换成译码中的等值信息；表达是用一种新的语言系统进行准确的表达。

“没有一种语言不是根植于具体的文化之中的，也没有一种文化不是以某种自然语言的结构为中心的。”正因为语境具有制约及解释功能，人们在翻译过程中必须具备相当的文化知识及文化背景，诸如社会习俗、宗教信仰、审美取向、思维方式等，才能选择恰当的语言进行翻译，最大限度地忠实于原文。语境制约翻译，翻译依赖语境。

例：It’s freezing cold here.

我们可以张口即出“这里冷得要死”。然而，缺少了语境，就无法确定词义及句义。可能有下述几种含义：第一，作为直接话语，仅仅提供信息，向在场的听者说明“那里太冷”，即上述译文所表达的意思；第二，作为间接言语行动，表示请求，希望听者打开暖气（译文接近说话人的意思）；第三，作为反语，抱怨说话的地方太热（译文未能表达说话人的本意）。

例：The most powerful traveling telephones are the ones used on ships. Here is no problem of weight, there is like on airplane.

译 1：功率最大的旅行电话是在船上使用的，这里没有重量的问题，像在飞机上那样。

译 2：船舶上使用的是功率最大的旅行电话，因为这里不像在飞机上那样存在着重量问题。

在该句的翻译中，译文 1 合乎语法，但违背事理，原因是没有从逻辑上、从道理上来验证自己的理解，船舶虽对重量的要求不像飞机那样严格，但译文的结论却是飞机和船一样不存在重量问题。因此在翻译本句时，应把否定语气从主句转移到从句中才符合事理，译文2的翻译才是恰当的。

例：They have, by this very act, opened a Pandora’s box.

译：正是通过他们的这种做法，打开了希腊神话中潘多拉的盒子，造成了混乱和不幸。

潘多拉，是希腊神话中主神宙斯用黏土做成的从天宫下凡的第一个女人。潘多拉之盒，即灾难之盒，在希腊神话中这个“box”里面装有疾病、灾难等。现代人更多地用潘多拉的盒子来代表所有的难题。若直译 Pandora's box 为潘多拉的盒子，而不增补，会使读者难以理解其真正喻义。

例：The Wooden Horse of Troy.

译：特洛伊木马。

在希腊神话中，希腊人攻打特洛伊城九年攻不下。到了第十年，希腊英雄奥德修斯想了一条计策。他命人做了一只特制大木马，里面藏有数十名勇士。希腊人把木马扔在特洛伊城门外，佯装撤退，并称木马用来祭奉神灵，保佑他们平安返回希腊。特洛伊人信以为真，把木马当成战利品拖入城内，到了夜里，木马内的勇士出来杀死放哨的士兵，打开城门，与埋伏在外的希腊军队里应外合，终于攻进城内，并放火将其烧毁。后来，人们用它来指“潜伏在内部的敌人”，或指一种“潜伏到敌方内部进行破坏和颠覆活动”的计策——“木马计”。

例：

床前明月光，

疑是地上霜。

举头望明月，

低头思故乡。

唐代诗人辈出，“诗仙”李白可谓唐代诗人中的佼佼者，其诗歌是唐诗的一座丰碑，代表了唐诗的最高水平。如李白的《静夜思》，脍炙人口，妇孺皆知。它不知勾起了多少异乡游子的思乡愁肠，正因其高超的写作手法，真挚感人的艺术魅力，此诗深受国人推崇，颇受翻译家青睐，译成英语的文字就达 20 多种。

译 1：Before my bed,

There is bright moonlight,

So that it seems

Like frost on the ground.

Lift my head,

I watch the bright moon,

Lowering my head,

I dream that I'm home.①

这是英籍匈牙利作家阿瑟·库斯勒翻译的《静夜思》，译文基本上做到了对原诗内容的忠实，或者说达到了"意美"的传递，却未能做到形式上和音韵上的和谐统一，即形美和音美。他把原诗四句拆成八句，而且原诗固有的由平仄和尾韵构成的很强的音乐感荡然无存了。

译 2：A bed.I see a silvery light.

I wonder if it's frost aground.

Looking up, I find the moon bright.

Bowing, in homesickness I'm drowned.②

这是我国翻译家许渊冲翻译的《静夜思》。与阿瑟·库斯勒翻译的《静夜思》相比，许渊冲的译文更好地传达了原诗的形美和音美。

语境是理解与表达的重要依据。在翻译过程中，译文表达上必须密切联系语境，以达到"准确、达意、传神"的目的。英语教师在平时的英语翻译教学中要注意强化学生的语境意识，选择适宜的教学文章，通过讨论、提问等方式对文章上、下文进行正确的推测判断，通过比较不同的译文来增强学生的语境意识；鼓励学生博览群书，多渠道增加自己的百科知识并尽量了解西方国家的历史、文化的背景知识，以缩小文化差异，并增加共有知识。

① 阿瑟·库斯勒．中午的黑暗 [M]. 董乐山译．南京：译林出版社，1999.

② 许渊冲译．不朽的美 许渊冲经典英译诗词三百首 汉英对照 [M]. 北京：新世界出版社，2021.

西方人重形式分析和逻辑推理，注重由一到多的思维传统，因此英语语言具有高度的形式化和严密的逻辑性。如果完全按照源语的句法结构，译成汉语之后，译文晦涩难懂。这篇译文不注重空间构架的完整，而采用线形的流动转折，追求流动的韵律节奏，不滞于形，以意统形，自上而下是一个形散意合的系统。这种手法巧妙地表达出动静反衬感觉，充分体现了原文的源言风格。“The first snow came”译成“初雪飘落雪”，一种轻柔的动感穿透而出，令人感受至深。第二句“How beautiful it was, falling so silently all night long, all night long, on the mountains, on the graves, of the dead”特意分成两句来译，变换结构，却毫不失去内容和语言风格。其重复特征达到意境创造的效果，体现了原文的哲理性，因为“生者”与“逝者”使人想到“生生灭灭”的人类繁衍与消逝，与时空的无限形成对照。“世人”有芸芸众生、世俗之人的心理感受。大雪日夜不停地纷纷飘落，难以停息，自然万物，不择生死，由物及人，给人以人生苦短而时空无限的哲理思考。随后的译文“在一片洁白之中”追求一个纯净的世界，一个超尘脱俗的境界。结尾巧用拟声词“马蹄得得”“车轮辚辚”“叮咚的铃铛，奏出和谐的乐声”产生了较强的音响听觉效果，与上文所传达的静谧与幽静的感觉效果形成对照，给读者带来心理上的反应，追求精神上的崇高境界，显示了大自然与人类世界的盎然生机。

这是《尤利西斯》中的一段经典。原文使用冒号和各种短句，将一系列动作和思维连在一起。这段文字是对人物内心的描写，从其结构看来其连贯性并不容易在形式上体现，但是追究起语篇意义来，句子之间实际上是有密切关联的。文本的译者没有盲目地为追求形式连贯而改变文章结构。译者深知如果按照自己的理解，把人物内心世界一一剖析开来似有英语文化失真之嫌。因此，译文选择对这种特殊形式的保留，如“这是青春的血液”“可不许跟在后面”等，其实这更能使中国读者了解异国风情、欣赏源语文化。

综上可见，语境在语言中起着非常重要的作用。同一个词语在不同语境下具有不同的意义。如果不了解词的语境，就很容易造成误解甚至引起误会。因此，语境对语言学习者、使用者、研究者来说，非常重要。

第三节　语境视角下翻译教学探索

一、语境对翻译教学的重要影响

在日常生活和工作中，人们在运用自己的母语进行交际时，都不能脱离具体的语言环境，更何况作为外语而加以研习的英语教学。为了培养学生对英语的听、说、读、写、译等能力，自然就更不能脱离具体的语言环境。

在英语教学过程中，一旦脱离特定的语境，学生的言语行为和语言规范之间就会产生矛盾，其语言能力的迁移就无法形成。在传统的英语教学中，教师往往过分注重语言本身的分析，而忽视语境以及语言功能的实现，最终导致学生对语言运用能力的欠缺。先请看一句汉语：“我叫他去。”对于这句话，几乎100%的学生理解为：“去”为动词，我叫他“去”（而不是叫他到这儿“来”）。因此英语译文应为I Want him to go但是，根据不同的语境，也可以把“去”理解为语助词，口头表达时要弱读，意即“我去叫他”。此时，译文应为I will go to get him. 再请看一句英语：“He loves her more than you.”针对该句话，也要考虑交际行为所发生的语境。如果对话中的 you 为男性，那么此时的 you 便看作主格，其后省略了 do（love her），因此，译文应为“他比你更爱她”。然而，假如对话中的 you 是女性，此时的 you 则须看作宾格，前面省去了 he loves，这时，译文应适当地调整为“他爱她胜过爱你”。由此看来，不同的语境，其语义自然有所不同，而这些不同一定要在译文里体现出来，否则，就难以实现翻译的目的。为了确保学生正确地理解原文，并且恰如其分地提供译文，应该将英语教学和英语的特定语境有机地结合起来。

就翻译教学来讲，教师的职责就是要提供、设计鲜活的语境，激励学生发展创造性思维，在翻译实践中感悟、分析、重组源语言信息，将原文风格及其所包含的意义真实地再现出来。彼得·纽马克指出：“语境在所有翻译中都是最重要的因素，其重要性大于任何法规、任何理论、任何基本词义。”（NeWmark，1982：113）。由于语境在很大程度上制约和影响语义，因此，在翻译过程中，如果对源语的语境缺乏了解，那么就会导致理解失误，从而不可避免地造成译文走样。由此可见，语境在翻译教学中有着举足轻重的地位。英语教师应该给予高度关注，并适时地对学生给予强调，逐步培养学生的语境意识，在翻译实践中绝不可以流于表面上的理解，而要对原文所处的语境进行深入分析，进而确保理解正确，最终选择恰当的词语将原文所包含的意义如实再现，使译文读者能够像原文读者一样，理解和欣赏原文。

二、语境视角下的翻译实例剖析

任何交际活动都是在特定的语境下进行的，孤立的话语无法让交际双方相互理解，因此，语境对语言的语义和语言风格都起着制约作用。因此，为了说明准确理解语境对翻译所起的重要作用，同时也为了让学生正确理解原文并准确地将其翻译成汉语，英语教师要在实际教学过程中，适时地给他们创设各种各样的语境，并且提供一定数量的实例进行详细讲解，让他们观察各种语境，把语言教学跟特定的语境联系起来，帮助他们想象并领悟各种语境，深刻透彻理解不同语境下的语义，从而进行完整而又正确的表达。在教学实践中加以强调，让学生清醒地认识语境与语义及其翻译之间的关系，实现语境与翻译教学的有机结合，并进行大量的训练，然后通过仔细推敲、悉心衡量；进而深刻领会，最终译出恰当的译文。德莱顿在其著名的文章《论翻译》中曾提出："举例比谈规则更有说服力。"

（一）语境直接影响译文的措辞风格

理解是表达的基础。不同的语境，交际双方所使用的语言风格会随之发生改变。这就要求在教学过程中，教师应培养学生对语境变化的敏感度，使之心领神会，并随各种变化而调整译文措辞。

例：What shall we do if anything happens to him?

对于该句的理解和表达，教师应提醒学生，一定要考虑交际双方所处的语境，特别要根据其不同身份进行措辞。如果交际双方为普通百姓，那么可以较为通俗而且口语化地译为："要是他出了什么事，我们该咋办？"如果交际双方略有文化，译文措辞就要稍作改进，适当调整为："万一他有个什么三长两短，我们怎么办？"但是，如果言语表达比较讲究，或者是处于正式场合，那么译文措辞就要进一步调整为："万一他遭遇不测，我们该怎么办？"

（二）语境直接制约着语义

不同的语境，语言交际所传达的信息自然会有所改变。这就要求译者必须领会原文，并随语境的变化调整译文。

1. 交际双方的身份和亲疏关系直接影响语义的变化

例：—— He does not like you.

—— So what?

如果教师让学生自己翻译“So what?”，80% 以上的学生不能提供合适的译文，主要原因是在很多教科书中学生很少见到，因而不能正确理解。这就需要教师进行详细解释。可以根据本组对话语境理解为：“那又怎么样?”当然，如果换作其他语境，那么就要根据对话双方的身份或亲疏关系等，相应地翻译为“那又有什么了不起?”“那又有什么法子呢?”“你无聊不无聊?”等等。

2. 交际双方所处的时间、地点直接影响语义的变化

例：Mrs.Brown can't bear children, so she never talks about them.

在进行翻译时，学生应该铭记：语境决定语义。针对本句话的分析和理解，可以从不同角度展开。如果布朗太太因不能生育而感到遗憾伤心，从而不愿谈及该话题，那么本句话就应翻译为：“因为布朗太太不能生育，所以她从不谈论孩子。”但是，假如是布朗太太有几个孩子，只是由于这些孩子调皮、捣蛋，或者给家庭声誉抹黑，使得她无法忍受而不愿意谈及他们，那么该句的译文应为：“布朗太太不能忍受这些孩子，所以从不谈论他们。”

3. 语境的改变使得短语产生歧义，改变语义

例：She brought you up, didn't she?

首先要让学生明白的是，由于语境的变化，句中短语“bringup”会有不同的含义。如果指在他人引导下，来到了一个难以寻找或一般人员不得入内的地方，该短语意为“引领，带……上来”等，那么正确的译文应该是：“她带你上来的，不是吗?”如果是在亲人相认、家庭教育或其他类似

场合，其意则为“抚养，养育”等，那么正确的译文应该是：“是她把你养大的，不是吗？”

由此可以看出，语境对理解起着制约作用，并最终左右着译文的正确与否。对此，教师应在翻译教学过程中给予充分强调，让学生心领神会，注意观察。如果是单句翻译练习，则要发挥想象，创设不同语境，确定其不同语义，从而给出恰当的译文。

语境在翻译中对理解和表达起着至关重要的作用。理解原文必须依靠特定语境，要反复推敲，字斟句酌，充分再现原文的语境内涵，从而使译文读者切实领会原文所要表达的意义。为此，在翻译教学过程中，教师要培养学生对语境的敏感性，让他们养成探究的习惯，重视语境的创设，善于识别不同语境带来的不同内涵。只有在一定语境中产生的语言才更为生动，更为真实。恰当的语境有利于培养学生的学习兴趣，有利于学生对语言内容的理解和把握，有利于培养学生的语言创造力。通过对不同特定语境的模拟，可以让学生产生较为真实的感受，并且可以激发他们的表达欲望。如此，学生对语言的理解能力和翻译表达能力才能得以提升。

参考文献

[1] 杨桦 . 网络智能化对高校英语翻译教学中交互模式的应用与影响 [J]. 电脑与信息技术 ,2022,30(6):68-70+113.

[2] 张海峰 . 基于课程思政视角的高校英语翻译教学改革策略探析 [J]. 才智 ,2022(36):73-76.

[3] 常锟 , 尤晓刚 . 地方高校商务英语专业翻译教学创新研究 [J]. 湖北开放职业学院学报 ,2022,35(21):9-10+13.

[4] 符曼 . 跨文化角度下的翻译教学优化策略 [J]. 英语广场 ,2022(32):68-71.

[5] 钟翀 . 情景认知理论与高校英语翻译教学融合途径分析 [J]. 海外英语 ,2022(21):107-108.

[6] 薛俊杰 . 基于功能翻译理论探讨高校英语翻译教学创新策略 [J]. 英语广场 ,2022(31):91-94.

[7] 陈振媛 . 高校英语课堂翻译教学内容设计原理与实践 [J]. 食品研究与开发 ,2022,43(21):239-240.

[8] 陆莲枝 . 高校英语翻译教学如何培养学生文化语用能力 [J]. 海外英语 ,2022(20):109-110.

[9] 彭阳华 . 当代高校英语翻译理论与实践的多角度探究：评《新时期英语翻译理论与实践的多维度研究》[J]. 外语电化教学 ,2022(4):106.

[10] 陈华杰 , 卓玛 . 当代高校大学生英语翻译教育教学实践 [J]. 校园英

语 ,2021(51):3-4.

[11] 高敏娟 . 线上线下混合式大学英语“金课”教学模式分析：评《当代高校英语教学与混合式学习模式探究》[J]. 热带作物学报 ,2021,42(9):2750.

[12] 曾宇钧 . 高校英语教学中学生翻译能力培养问题对策探讨：评《新编当代翻译理论》[J]. 中国教育学刊 ,2021(8):151.

[13] 刘文勤 . 浅谈当代高校学生商务英语翻译能力的培养 [J]. 校园英语 ,2021(31):19-20.

[14] 宋利华 . 当代高校大学生英语翻译教育教学实践 [J]. 食品研究与开发 ,2021,42(4):236-237.

[15] 陈灵 . 浅谈当代高校学生商务英语翻译能力的培养 [J]. 佳木斯职业学院学报 ,2017(04):269-271.

[16] 胥娟 . 汉英口译中的中式英语处理策略研究 [D]. 湖南师范大学 ,2015.

[17] 王岩 . 翻译工作坊在大学英语专业翻译教学中的应用 [D]. 内蒙古师范大学 ,2013.

[18] 薄振杰 . 中国高校英语专业翻译教学研究 [D]. 山东大学 ,2010.

[19] 孙利苹 . 非文学文体翻译及高校英语专业翻译教学的转向 [D]. 山东师范大学 ,2010.

[20] 曹传锋 . 乌鲁木齐高校英语专业学生英语学习中翻译使用观念及翻译使用策略研究 [D]. 新疆师范大学 ,2008.